Sul sentiero della Liberazione

Volume 1

UN RICORDO DI MOMENTI PREZIOSI CON AMMA

Br. Madhavamrita Chaitanya

Sul sentiero della liberazione
Volume 1
UN RICORDO DI MOMENTI PREZIOSI CON AMMA

a cura di Br. Madhavamrita Chaitanya

Pubblicato da:
Mata Amritanandamayi Center
P.O. Box 613
San Ramon, CA 94583-0613
Stati Uniti

In Italia :
www.amma-italia.it
info@amma-italia.it

In India :
www.amritapuri.org
inform@amritapuri.org

INDICE

PREMESSA

Per i discepoli di un maestro spirituale impareggiabile e autentico, qualcuno che dimora in *sahaja-samadhi* (saldamente stabilito nello stato di coscienza supremo), illustrare le proprie esperienze dirette con il Guru è un tentativo di esprimere l'inesprimibile. Tuttavia, questo è proprio quanto è accaduto nell'ultimo anno e mezzo ad Amritapuri, la dimora di Amma, Sri Mata Amritanandamayi Devi, durante il lockdown per la pandemia di coronavirus.

Il principio fondamentale del Sanatana Dharma, la fede induista, è l'inclusività. Il Sanatana Dharma promuove molti sentieri e forme per assicurare che nessuno venga escluso e per offrire un'ampia gamma di scelte ai suoi ricercatori e seguaci. Come dice Amma: "Un solo sentiero non è adatto a tutti perché la natura della mente delle persone e le loro tendenze innate sono diverse. Insistere su un solo sentiero è come promuovere un solo numero e modello di scarpe". Di fatto, l'Induismo è monoteista e crede in una singola, indivisa Realtà suprema (*Brahman*), la sola e unica verità, il substrato reale di questo mondo manifesto di nome e forma.

Amma segue questo antico lignaggio dei *rishi*, accetta ogni sentiero (*karma, bhakti* e *jnana*) e non rifiuta nulla. In questa raccolta di discorsi vedrete perciò un connubio meraviglioso di devozione, azione altruistica e conoscenza vedantica.

Questi discorsi, con le loro intuizioni ed esperienze di ampio respiro, offrono molti spunti su cui riflettere. Ci forniscono l'opportunità di comprendere meglio e interiorizzare quel mistero che è Amma, e fungono anche da porta d'accesso alla saggezza radicata nella crescita interiore e personale che accompagna la spiritualità e una stretta relazione con un Guru vivente. Mentre le storie si dipanano, un percorso inconfondibile che apre le porte del vostro cuore si rivela attraverso un flusso incessante di esperienze divine, lezioni che stimolano la riflessione e momenti meditativi.

La chiave è l'amore, il flusso ininterrotto di puro amore incondizionato che scorre da Amma verso tutti. Il suo amore si manifesta come un cerchio completo che abbraccia chiunque e che continuamente ritorna, "un vero incontro di cuori", come dice lei.

Le esperienze "negative" del lockdown hanno dato origine a un cambiamento ad Amritapuri, un'occasione per "celebrare", se volete, l'esperienza divina e piena di beatitudine della condivisione delle proprie storie. In tal modo, tutti hanno sviluppato una maggiore comprensione della profondità della conoscenza di Amma e del suo impatto sul mondo.

Non sarebbe affatto esagerato se dicessi che questa raccolta è un tesoro, un dono inestimabile di Amma ai suoi figli di tutto il mondo.

Non si tratta di una semplice raccolta di esperienze, ma di un eccellente libro di riferimento che ci permette di avere uno sguardo sulla vera spiritualità. Presenta le infinite espressioni della relazione genuina tra Guru e discepolo come auspicata e tramandata dagli antichi saggi dell'India. È una guida per ricercatori spirituali, un elisir che instilla la fiducia in se stessi, la determinazione e il distacco, mentre il ricercatore si trova ad affrontare sfide interne ed esterne, quasi un'enciclopedia dei modi in cui i ricercatori hanno utilizzato gli insegnamenti di Amma per superare la confusione costante creata dalla mente.

Ogni discorso cita storie tratte dai *Veda, Upanishad, Bhagavad Gita, Brahma Sutra, Purana, Itihasa* e così via. Oltre ai *sannyasi, brahmachari* e *brahmacharini*, vi hanno partecipato altri residenti dell'ashram, compresi devoti capifamiglia, professori e ricercatori che operano nelle varie scuole dell'Amrita University. Quindi, alcuni discorsi sono ricchi di richiami scientifici e logici che rendono più chiara la prospettiva del relatore.

Da un anno e mezzo ormai, sin dall'inizio della pandemia, i webcast live internazionali da Amritapuri sono l'unico sollievo e rifugio per i figli di Amma di tutto il mondo.

Assieme alla meditazione di Amma, ai *bhajan*, ai discorsi dei residenti dell'ashram seduti vicino a lei, ai messaggi di Amma stessa, alle sessioni di domande e risposte, questi webcast giornalieri arricchiscono immensamente i devoti e instillano in loro la fiducia in se stessi, la fede e il coraggio necessari ad affrontare questi tempi difficili. Attraverso questi programmi, la distanza tra i devoti e Amma è come annullata e i devoti possono percepire la sua presenza e protezione. Ogni giorno hanno qualcosa che li ispira a rimanere pazienti, senza paura e in pace.

Nell'ashram di Amritapuri, i giorni della pandemia sono stati riempiti da lezioni regolari di sanscrito e sulle Scritture, seguite da discussioni basate su tali lezioni, meditazioni, sessioni di "Meditazione Ma-Om" e "Meditazione dei fiori bianchi", *bhajan*, sessioni di domande e risposte con Amma e molto altro ancora.

L'ashram di Amritapuri è una comunità enorme, un crogiolo di persone provenienti da ogni parte del mondo, inclusi *sannyasi*, *brahmachari*, *brahmacharini* e nuclei famigliari. A ogni persona, dai bambini agli adulti, viene data l'opportunità di parlare e confrontarsi. Di solito Amma assegna un tema da sviluppare e alla fine lei stessa elabora il concetto nel suo modo semplice e descrittivo. Nel complesso, è un'ispirante festa spirituale.

I discorsi contenuti in questo libro non portano beneficio solamente ai ricercatori spirituali ma gettano anche luce su ogni aspetto della vita, a prescindere dalla professione, dalla nazionalità, dalla lingua e dalla fede religiosa di ognuno. Man mano che i residenti aprono il proprio cuore, il lettore sentirà aprirsi anche il suo. È come osservare la meravigliosa bellezza di un bocciolo che sta diventando fiore. Ciascuno di questi discorsi ha un aspetto personale perché chi parla condivide alcune delle proprie lotte, situazioni famigliari, conflitti interiori, il modo in cui viveva prima di incontrare Amma e come la sua influenza abbia portato a un cambiamento di prospettiva.

I discorsi vi mostreranno come superare alcune delle vostre debolezze, quelle che considerate pietre d'inciampo sul vostro cammino. Se il vostro cuore è abbastanza aperto, saprete comprendere come cambiare ciò che avete sempre creduto "impossibile da cambiare". Non sorprendetevi se vi rispecchierete in qualcuno dei relatori.

Durante questo periodo di introspezione, un numero sempre maggiore di residenti dell'ashram si sta accorgendo di come sia importante rompere le catene dell'io limitato, la falsa nozione che "io sono questo corpo, questa mente e questo ego finiti".

Una volta che questo legame viene spezzato, l'onnipresente "Io", l'unicità, l'essenza del vostro vero essere, risplende. In quello stato assoluto di esistenza, nulla è separato da voi. Voi siete in ogni cosa e ogni cosa è in voi.

Vi è un bellissimo *bhajan* scritto e composto da Amma in cui lei rivela questa suprema realizzazione con parole semplici: *"annutott-anyamayi kanan kazhiññilla ellam-entatmavennorttu"*, ovvero, "Da quel momento in poi non sono più riuscita a vedere nulla come separato da me stessa. Mi ricordai di ogni cosa come se fosse il mio Sé".

Come dice Uddalaka a suo figlio Shvetaketu, nella *Chandogya Upanishad*, 6.1.3: *"yenashrutam shrutam bhavatyamatam matam-a-vijñatam vijñatam-iti katham nu bhagavah sa adesho bhavatiti"*, "Quell'insegnamento per cui ciò che non è mai stato udito si ode, ciò che non si è mai pensato si fa pensiero e ciò che non è mai stato conosciuto diventa noto". Questa infatti è la conoscenza nella quale Amma dimora eternamente: "Quella conoscenza che permette di conoscere ogni cosa".

Questa "conoscenza" spiega l'attrazione e il legame inspiegabile che tutti noi abbiamo con Amma. Una delle esperienze più edificanti, rincuoranti e appaganti è osservare come lei si prenda cura dei bambini piccoli nell'ashram. La comprensione che Amma ha del mondo, delle persone e degli altri esseri viventi è incomparabile. Inutile dire che lei capisce i bambini meglio di chiunque altro. Il modo in cui i bambini rispondono alle sue domande, la loro devozione e il legame amorevole che hanno con lei, il loro desiderio di imparare le Scritture, sono indescrivibili. Come si suole dire: "Bisogna vederlo per crederci".

Permettetemi di ricordare queste parole di Amma: "La parola sanscrita 'samskara' (impressioni radicate nel profondo che derivano da vite precedenti) viene generalmente tradotta con 'cultura'. Tuttavia, in inglese, la parola 'cultura' si riferisce anche alla coltura di un piccolo campione di sangue o di espettorato in un laboratorio, in cui viene creato un ambiente ottimale per la crescita dei batteri nel terreno di coltura. Possiamo applicare questo concetto anche alla crescita interiore. Affinché i nostri figli crescano in modo ottimale abbiamo bisogno di creare un'atmosfera favorevole prima a casa e poi e a scuola".

Amma non solo insegna, ma traduce in azione ogni sua singola parola. Inutile dire, quindi, che in ogni momento Amma crea per i suoi figli l'atmosfera adatta affinché ricordino e riflettano profondamente sulla sfera dell'*atma*, la "atma-sfera". In quell'atmosfera propizia, lo spirito sboccia spontaneamente.

Mi auguro sinceramente che le esperienze personali raccontate da queste persone che hanno viaggiato nei mondi interni ed esterni, nel regno del soggettivo e dell'oggettivo, sul piano dello spirito e quello dell'emozione, accendano almeno una fiammella nel vostro cuore, facendo luce sul sentiero della vostra ricerca della realtà.

Swami Amritaswarupananda
Amritapuri Ashram, 1 maggio 2021

PREFAZIONE

Om Amriteshwaryai Namah. Quando venne imposto il lockdown nel marzo 2020 in risposta alla pandemia di COVID-19, Amma chiese ai residenti dell'ashram di preparare dei *satsang* (discorsi spirituali). Disse che questo li avrebbe aiutati a fare il punto sulla loro vita nell'ashram e a riflettere su questioni spirituali. Fu così che ebbe inizio una serie di discorsi che si tengono quasi ogni sera ad Amritapuri, condivisioni generose dell'esperienza del relatore con Amma. In tal modo i *satsang* corrispondono pienamente al significato della parola: *sat-sangha*: in compagnia della verità.

Inizialmente fu chiesto ai monaci dell'ashram di trattare i temi scritturali a loro assegnati. Si trattava principalmente di versi ben noti delle Scritture, in particolare della *Bhagavad Gita*. Si sarebbe potuto immaginare che i discorsi sarebbero stati eruditi e gli oratori avrebbero condiviso le loro intuizioni sulle Scritture, ma non fu così perché gli *swami* e le *swamini*, i *brahmachari* e le *brahmacharini* parlarono non come *pandit* ma come figli di Amma. Per quanto li riguardava, ciò che avevano vissuto con Amma e imparato da lei era quello che contava e le Scritture erano una semplice conferma di quanto appreso.

Un oratore illustrò questo concetto con umorismo, servendosi di un aneddoto. Uno studente che si stava preparando a un esame aveva studiato accuratamente tutto ciò che riguardava le mucche, ma la domanda d'esame fu sulle palme da cocco. Il ragazzo, che non sapeva nulla su questo argomento, scrisse pagine e pagine sulle mucche e finì lo scritto dicendo che erano legate a delle palme da cocco. Allo stesso modo, poco importa il tema assegnato ai figli di Amma perché inevitabilmente finiranno per parlare di lei.

Farlo non vuol dire negare le Scritture; al contrario, quando i testi sacri passano attraverso il prisma dell'esperienza personale, assumono maggiore significato e rilevanza. In tal modo, Amma si assicura che le Scritture non vengano percepite come astrazioni, ma viste per quello che realmente sono: le verità fondamentali della vita.

Quale Guru, il suo strumento primario di insegnamento non è l'aula ma il crogiolo di circostanze, fatte su misura per ogni discepolo. Non stupisce quindi che una *brahmacharini* o una *swamini*, preside di una delle principali scuole dell'ashram, parli estasiata di come abbia imparato sotto la guida invisibile di Amma ad agire come strumento nelle mani del Guru, o che il *brahmachari* responsabile della cucina si meravigli delle capacità culinarie di Amma e delle sue abilità manageriali, o ancora, con la stessa meraviglia e riverenza, un monaco ricordi di come Amma lo abbia liberato dalla morsa dell'assuefazione e da una malattia terminale.

In altre parole, il lavoro che Amma assegnò loro divenne il loro sillabario sulla *sadhana* (pratica spirituale) e sui principi spirituali quali *sharanagati* (abbandono), *shraddha* (attenzione e fede) e sulla *sarvajnatva* (onniscienza) del Guru. Versando il vecchio vino dei principi spirituali enunciati dalle Scritture nei calici nuovi della comprensione basata sull'esperienza, Amma ha arricchito di dolcezza il tutto.

Dopo i primi discorsi, molti residenti dell'ashram, monaci e capifamiglia, chiesero ripetutamente di poter disporre di questi discorsi che trovavano molto ispiranti, interessanti e utili per la loro vita spirituale e consideravano un archivio della vita dell'ashram. Ecco com'è nata l'idea di raccogliere i *satsang*.

Per i relatori, preparare questi discorsi è stata una meditazione su Amma. Pronunciarli seduti accanto a lei è stata un'altra esperienza indimenticabile. E ascoltare i suoi figli è stata una gioia per Amma. Ci auguriamo che questo primo volume di discorsi ti sia gradito, caro lettore, e ti aiuti a rendere più profonda la devozione e la dedizione per Amma.

Br. Madhavamrita Chaitanya

1

Nel suo rifugio

Swami Akshayamritananda Puri

Il mondo intero è stato colpito dalla pandemia di coronavirus. I residenti dell'ashram di Amritapuri sono fortunati di poter vivere vicino ad Amma senza dover affrontare i problemi che la gente di fuori incontra. Quando i devoti mi chiamano e mi raccontano i problemi che stanno vivendo, mi rendo conto di quanto siamo al sicuro. Amma si sta prendendo così tanta cura di ognuno di noi.

Ha creato per noi circostanze congeniali affinché possiamo sfruttare al meglio il periodo del lockdown per elevarci spiritualmente. Una delle novità di questo periodo sono stati i *satsang* (discorsi spirituali) ad Amritapuri. Prepararli ci fa riflettere sulle lezioni spirituali apprese ed ascoltarli ci induce a pensare continuamente ad Amma e all'importanza degli insegnamenti spirituali nella nostra vita.

Prima che un razzo venga lanciato nello spazio, gli viene attaccato un razzo vettore. Senza di esso, la navicella non può liberarsi dall'orbita terrestre ed entrare nello spazio. Questa serie di *satsang* può essere considerata uno dei numerosi razzi vettori predisposti da Amma per aiutarci nel viaggio della vita.

Dal giorno in cui ci viene assegnato l'argomento del *satsang*, senza saperlo, il pensiero di parlare alla presenza di Amma ci porta ad uno stato di meditazione.

Prima di vivere nell'ashram, ho preso parte alle attività dell'ashram di Kozhikode per molti anni. Sono stato responsabile di AYUDH, l'ala giovanile dell'organizzazione di Amma, per sei anni. Quando stavo per trasferirmi nell'ashram, i figli di Amma a Kozhikode organizzarono una grande festa di commiato. Al termine, mi accompagnarono alla stazione. "Giri, siamo qui per salutarti e ricordarti una cosa importante: stai andando da Amma. Non tornare per nessuna ragione. Dovresti diventare l'orgoglio di Kozhikode!". Risposi: "Sono pronto a fare tutto ciò che mi verrà chiesto di fare nell'ashram... qualsiasi cosa tranne tenere *satsang*! Spero che me lo risparmieranno!".

Due mesi dopo il mio arrivo all'ashram, Amma chiese a tutti di tenere un *satsang*. Appena lo seppi, cominciai a nascondermi da Swami Amritageetananda che assegnava gli argomenti. Un giorno, mentre ero vicino ai bagni, lo vidi avvicinarsi. Mi infilai immediatamente nella toilette e mi chiusi dentro. Vi rimasi per quasi un'ora solo per sfuggirgli! Alla fine però mi trovò. Mi diede un pezzo di carta con l'argomento del *satsang*. Fui preso dal panico! Quando però mi vennero in mente i volti dei devoti di Kozhikode che erano venuti a salutarmi e a vedermi partire, sentii che non potevo andare via dall'ashram; non lo volevo neppure. Iniziai a pensare all'argomento. Ci pensavo continuamente, anche mentre ero in bagno. Lentamente, alcune idee cominciarono a spuntare nella mente. Alla fine, tenni il mio primo *satsang* davanti ad Amma. In seguito, quando andai da lei, mi disse che le era piaciuto. Le parole di elogio di Amma sono ancor oggi fonte di ispirazione quando tengo un *satsang*.

Amma vive le *Upanishad*. La sua vita e le sue azioni ci mostrano cosa sia la *sadhana* (pratica spirituale) e come praticarla. Ogni sua parola e azione sono un insegnamento spirituale. Attraverso le nostre diverse esperienze nella vita, Amma impartisce la conoscenza delle Scritture.

Sono nato e cresciuto in un famoso luogo del Kerala. No, non è Guruvayoor o Chottanikkara, ma Kuthiravattam a Kozhikode. La casa in cui ho vissuto è a soli 200 metri dall'ospedale psichiatrico di Kuthiravattam!

Numerose figure letterarie e artistiche come Kuthiravattam Pappu, Thikkodiyan, Nellikode Bhaskaran, S.K. Pottekkatt e Balan K. Nair, sono nate qui. Kuthiravattam ospita anche una biblioteca che ha vinto per due volte il premio statale per la miglior biblioteca del Kerala.

I miei amici erano figli di alcune delle persone più ricche di Kozhikode. Il nostro motto era fare baldoria e vivere la vita al massimo: una o due ore alla settimana al college, cinque film alla settimana e gite nei week-end. Questa era la nostra vita. Fu un periodo di divertimento senza pensare al futuro.

Fu in quel periodo che un parente mi fece visita per parlarmi di un problema legato a suo fratello minore, Das. Disse: "Das è caduto in una trappola. Non torna a casa spesso e non va regolarmente al lavoro. Sta da qualche parte a Kayamkulam durante le vacanze e dice che va a trovare una certa Amma che ha solo trentadue anni e canta *bhajan*. Quando canta sembra inebriata ed è sempre circondata da giovani uomini. Giri, lo devi salvare in qualche modo!".

Gli promisi che lo avrei fatto. Il giorno dopo chiamai Das e gli chiesi di venire da me. Quando arrivò, notai che il suo comportamento era cambiato. Gli chiesi: "Come puoi chiamare 'Amma' qualcuno che ha solo qualche anno più di te? Perché cerchi un'altra madre quando a casa hai già una buona madre? Abbiamo bisogno di più di una madre nella vita?".

Quando terminai di porgli tutte le domande, cominciò a parlare di Amma con entusiasmo, senza fermarsi nemmeno un istante. Trovai difficile credere a molte delle cose che raccontava. Per quanto cercassi di farlo ragionare, non riuscivo a guarirlo dalla sua follia per Amma. Non solo, insisteva che andassi a trovarla. Gli dissi: "Ho già una madre, non me ne serve un'altra!". Un giorno Das mi chiamò e mi disse: "Amma viene a Kodungallur. Devi venire con me!".

Pensando che fosse l'occasione per liberarlo dalla sua follia per Amma, gli dissi che sarei andato con lui. Così, il 12 aprile 1986 ci recammo a Kodungallur. Il 14 di aprile era Vishu[1]. A quei tempi, era impensabile perdere la festa di Vishu. Accettai di vedere Amma a condizione di tornare il giorno stesso.

Il programma di Amma si teneva allo Sharada Bhakta Samaj di Kodungallur. Arrivammo verso sera. Molte persone stavano aspettando di dare il benvenuto ad Amma davanti alla sala. All'improvviso arrivò una macchina che si fermò davanti a noi. Amma scese. Nella ressa dei devoti non riuscimmo a vederla bene. Prendemmo posto nelle file davanti. Amma arrivò sul palco. Osservavo attentamente ogni suo movimento. Pensai: "C'è qualcosa di speciale nel modo in cui ride e parla. Non mi stupisce che Das parli così bene di lei!".

Amma iniziò a cantare i *bhajan*. La sua voce melodiosa scaldava il cuore. Il primo canto fu *Gajanana he gajanana* e il successivo *Gopalakrishna Radha Krishna*. Sin dall'infanzia ero attratto dalla musica. Il mio hobby principale era cantare agli amici canzoni di vecchi film malayalam. I *bhajan* di Amma mi piacquero tantissimo. Ogni canto mi faceva venire la pelle d'oca. Anche se avevo assistito a molti concerti, non avevo mai percepito la divinità che era palpabile nella voce di Amma. Dimenticai me stesso e mi immersi nel potere ammaliante del suo canto.

---

[1] Festa religiosa che segna l'inizio dell'anno per gli indù malayali in Kerala.

Un *bhajan* che Amma cantò mi toccò profondamente: '*Bandhamilla bandhuvilla svantam allonnum...*' che significa 'Nessuno ci appartiene. Non c'è nulla che possiamo chiamare nostro...'. Questo canto mi emozionò profondamente e forse mi ispirò persino a portare un cambiamento nella mia vita. Non so come trascorsero quelle due ore. Per la prima volta nella mia vita, sentii come se mi stessi ubriacando senza bere alcol.

I *bhajan* di Amma furono seguiti dal darshan. Quando fui dinanzi a lei, mi chiese: "Da dove vieni?".

"Kozhikode" risposi.

Amma mi accarezzò dolcemente il petto. Non riuscii a dire nulla. Dimenticai persino di parlare di Das perché mi sentivo ancora inebriato. Continuai a rimanere lì, a guardare Amma, finché il darshan finì e lei se ne andò.

Quando capimmo che stava andando a far visita a casa di un devoto, la seguimmo. Ci riempì di gioia vedere il benvenuto che quella famiglia le diede e il modo in cui lei parlò con loro.

Gli *swami* che accompagnavano Amma si recarono in un tempio nelle vicinanze per eseguire un *Harikatha*[2]. Amma si sedette su una duna di sabbia nel cortile dell'abitazione. Tutti i devoti si sedettero di fronte a lei. La maggior parte di loro erano giovani e molti fecero delle domande. Amma diede risposte chiare a ognuno di loro. Io sedevo in silenzio al suo fianco. Amma parlò dei cambiamenti che sarebbero avvenuti nel mondo nell'arco di venticinque anni. Parlò di questioni politiche e dell'abuso di alcol e droghe tra i giovani. Quel giorno, sottolineò la necessità per i giovani di compiere austerità. Sentivo che ogni cosa che diceva si riferiva a me; tutte le sue parole erano solo per me.

Gli *swami* tornarono al termine dell'*Harikatha* e Amma salì su una macchina con loro. All'improvviso, scese e disse: "Chiamate

---

[2] Letteralmente, 'Storia di Hari' (il Signore Vishnu). Una forma tradizionale di narrazione intervallata da canti.

i figli di Kozhikode". Con il batticuore mi avvicinai ad Amma. Mi chiese dove fosse Das. Risposi che stava dormendo. Amma disse che aveva un brutto mal di testa e che non avremmo dovuto disturbarlo. Das non mi aveva detto di avere mal di testa. In seguito, quando glielo chiesi, mi confermò che aveva avuto mal di testa ma che non lo aveva detto ad Amma.

Amma mi accarezzò di nuovo il petto e mi chiese: "Non vieni a Vallikkavu?".

Annuii e dissi: "Verrò, Amma." E così, per la prima volta, la chiamai Amma. Quando la sua macchina iniziò ad allontanarsi, rimasi lì a guardarla scomparire. Avevo la sensazione che il mio legame con Amma fosse antico.

Quando Das si svegliò, gli dissi che Amma mi aveva chiesto se saremmo andati a Vallikkavu. Aggiunsi che saremmo sempre potuti tornare a casa dopo essere andati a Vallikkavu. Non mi importava più della festività di Vishu o dei miei amici.

Das e io andammo direttamente ad Amritapuri. Quando arrivammo nell'ashram, fui così rapito dalla sua atmosfera incantevole che cominciai a cantare: "*Svarggattekkal sundaraman i svapnam viriyum gramam, premamayiyam ente amma tamasikkum gramam*", ovvero, "Questo villaggio da sogno, dove vive mia madre, l'incarnazione dell'amore, è più bello del paradiso".

Amma si diresse verso di noi e ci condusse in un boschetto di palme da cocco. Ci sedemmo sotto l'ombra di un albero. Eravamo solo noi tre. Amma ci parlò a lungo e poi si alzò dicendo che saremmo potuti partire dopo il *bhava darshan* della sera.

Il *bhava darshan* di Amma iniziò dopo i *bhajan* serali. Quando la porta del *kalari* si aprì, vedemmo un'Amma diversa. A Kozhikode abbiamo un famoso tempio di famiglia, il tempio Azhakodi Devi. Quando vidi Amma in Devi Bhava, sentii come se Azhakodi Devi, una forma della dea, si trovasse davanti a me. In seguito Amma fece visita a quel tempio un paio di volte e fu lì che molte persone di Kozhikode, che ora vivono nell'ashram, la videro per la prima volta.

A quei tempi, avevo un problema in famiglia: mia cognata soffriva di uno strano male. Era sposata da appena dieci mesi e noi venimmo a sapere del suo male solo durante la sua gravidanza. Poiché a Kozhikode non era disponibile nessuna cura, mio fratello e sua moglie andarono a Vellore. Il bambino sarebbe dovuto nascere nella prima settimana di maggio.

I medici dissero che mia cognata avrebbe avuto solo il 2% di possibilità di sopravvivere. Quando lo riferii ad Amma durante il darshan del Devi Bhava, lei mi ascoltò, mi versò dell'acqua in bocca e poi premette il suo dito al centro della mia fronte. Sentii come una scossa elettrica. Infine dichiarò: "Non accadrà nulla. Amma formulerà una forte intenzione. Sii forte, figlio mio".

Il mattino seguente salimmo su un treno diretto a Kozhikode. Non so come arrivai a casa perché la mia mente era fissa su Amma. La prima cosa che feci quando arrivai fu mettere una foto di Amma in una stanza, trasformandola in una stanza di preghiera.

Il 20 aprile mio fratello mi chiamò da Vellore per comunicarmi che sua moglie aveva partorito senza problemi. La madre e il bambino stavano bene. Quando tornarono a casa e videro la foto di Amma, mi dissero che la persona della foto era venuta in ospedale quel giorno. Ero esterrefatto! Capii che ogni cosa che Das aveva detto di Amma era vera. Amma non è altro che la Devi stessa. Oggi, anche Das vive nell'ashram ed è conosciuto come Br. Nirvanamrita Chaitanya.

Nonostante tutte queste esperienze e il mio amore e la devozione per Amma, il mio carattere non era cambiato molto. La mia vita continuò da un lato sul binario della devozione per Amma e dall'altro su quello degli amici e delle attività con loro.

Poco tempo dopo, Amma venne a Kozhikode. Quando mi recai al darshan, si unì anche mia madre. Sapendo che voleva parlare ad Amma delle mie cattive abitudini, la lasciai nella fila per il darshan e mi unii alla fila solo molto più tardi. Quando raggiunsi Amma, vidi mia madre seduta al suo fianco. Doveva averle già parlato di me. Durante il darshan, dissi ad Amma che desideravo servirla stando con lei. Amma mi disse di venire a Vallikkavu e che mi avrebbe dato un mantra.

A Vallikkavu, feci di nuovo l'esperienza dell'onniscienza di Amma. Una *swamini* diede ad Amma un pezzo di carta sul quale era scritto il mantra. Leggendolo, Amma le tirò l'orecchio e disse: "Questo non è il suo mantra! Cambialo!". Non avevo mai detto ad Amma chi fosse la mia *ishta devata* (divinità preferita) o quale mantra desiderassi.

Ogni anno, alla vigilia di Onam[3], il club di cui ero membro offriva ai pazienti dell'ospedale psichiatrico di Kuthiravattam un festoso banchetto a cui partecipavano funzionari amministrativi del distretto e ministri.

Dopo il banchetto, io e i miei amici andavamo di solito a festeggiare in un ristorante di lusso. Quell'anno non fu diverso. Ci sedemmo sul prato, in giardino, per gustare i nostri boccali di birra. Per qualche motivo, tuttavia, non riuscivo a bere. Ogni volta che portavo il boccale alla bocca, il volto di Amma appariva nella mia mente. Per quanto ci provassi, non riuscii a bere. Le mani cominciarono a tremare. Rovesciai la birra a terra e feci mentalmente un voto mentre vedevo il volto di Amma nella mente: "Non toccherò mai più alcol!". Dopo questo fatto la mia vita cambiò radicalmente. Quando mi recai da Amma in occasione del suo 33° compleanno ero un'altra persona.

Iniziai a fare *seva* a tempo pieno nell'ashram di Kozhikode. Partecipai alla costruzione dell'ashram e del tempio Brahmasthanam e della scuola locale Amrita Vidyalayam. Ogni volta

---

[3] La festività più importante del Kerala, praticamente una festa nazionale, che cade nel mese di Chingam (agosto-settembre).

che i discepoli di lunga data dell'ashram arrivavano nella regione del Malabar, li accompagnavo, suonavo l'armonium e cantavo i *bhajan* con loro oltre a prendere parte alle attività di AYUDH e ad altre iniziative. Volevo unirmi all'ashram di Amritapuri, ma mia madre minacciò di togliersi la vita se lo avessi fatto.

Dopo la consacrazione del tempio Brahmasthanam di Kozhikode, Amma chiamò tutti i volontari per il darshan. Mi chiese: "Hai deciso? Cos'ha detto tua madre?". Quando le dissi che mia madre era contraria al mio vivere nell'ashram, Amma disse: "Tu vieni all'ashram. A tua madre ci penserò io".

Una settimana dopo, quando i membri del comitato dell'ashram di Kozhikode si recarono ad Amritapuri, Amma mi chiese: "Sei venuto preparato a rimanere?". Non lo ero. La domanda di Amma mi turbò parecchio. Quando rincasai, dissi a mia madre con fermezza: "Ho intenzione di vivere nell'ashram!". Contrariamente alle mie previsioni, mia madre non fece obiezioni e così mi trasferii nell'ashram e diventai un membro della famiglia dell'ashram di Amma.

Kuthiravattam Pappu, uno dei più grandi attori comici del cinema malayali, era un mio caro amico. Pappu era comunista e ateo. Lo invitai più volte ad incontrare Amma, però lui non solo rifiutò ma replicò persino: "Non hai niente di meglio da fare?".

A quel tempo, la sua stella splendeva luminosa. Gli abitanti del Kerala lo adoravano e il solo sentire il suo nome faceva nascere un sorriso sui loro volti. All'improvviso contrasse una malattia mortale e fu ricoverato in ospedale per mesi. Non fu più in grado di recitare. In breve tempo la vita di quell'uomo peggiorò drasticamente. Da una vita felice e confortevole scivolò in uno stato di totale impotenza. Questo cambiamento ebbe un forte impatto su di me e mi fece riflettere sulla fragilità della vita.

Dopo essersi ripreso, quando Amma venne a Kozhikode, Pappu andò da lei. Amma lo abbracciò e gli chiese della sua salute tenendolo stretto a sé. Lui le parlò a lungo. Amma gli sussurrò qualcosa nell'orecchio e Pappu cominciò a ridere. Tornai a fargli visita dopo il festival Brahmasthanam e notai che era cambiato. Gli chiesi come si fosse sentito dopo aver incontrato Amma e se avesse cambiato la sua opinione. Gli occhi gli si riempirono di lacrime e non riuscì a parlare per un po'. Poi disse: "Sono quello che ha fatto ridere gli abitanti del Kerala in tutto il mondo. Molte celebrità mi hanno confortato di persona e al telefono quando ero ammalato. Tuttavia è stata Amma che mi ha fatto ridere di nuovo quando ero stremato e incapace di tornare a ridere. Ci sono molte madri nei film. Tutte recitano bene, ma questa madre è come la madre che ci ha messo al mondo. Quando ho visto Amma, mi sono sentito più felice di quanto lo fossi mai stato mentre recitavo in centinaia di film. Quando mi sono trovato tra le sue braccia, la mia natura di 'Pappu', la capacità di ridere e di far ridere gli altri, è ritornata".

Mi disse che quel giorno aveva chiesto due cose ad Amma: "Non dormo bene da mesi, Amma, e vorrei davvero fare un buon sonno. Desidero anche recitare almeno in un film prima di morire", e continuò, "Dopo quel giorno ripresi nuovamente a dormire bene. Due giorni dopo, il famoso regista I.V. Shashi mi chiamò per offrirmi una parte in un nuovo film. L'indomani, un altro famoso regista, Hariharan, mi chiamò per un ruolo in uno dei suoi film. Dopo aver detto ad Amma che desideravo recitare in un film, ricevetti due offerte in tre o quattro giorni". Poi mi chiese di portare i suoi più sentiti saluti ad Amma.

Un anno e mezzo dopo essermi unito all'ashram, Amma mi inviò a Wayanad. Wayanad allora era molto diversa. Essendo nato e cresciuto nel cuore della città di Kozhikode, quello era un mondo completamente nuovo per me. Molti dei suoi abitanti erano poveri, compresi gli *adivasi* (aborigeni), che venivano sfruttati da elementi antisociali e dagli evangelisti.

Ciò che mi colpì maggiormente fu l'influsso che Amma aveva sulla gente del posto. Lei era venuta in questa zona diverse volte e l'ashram locale stava prosperando anche senza un responsabile. Amma aveva anche tenuto un programma pubblico a Mananthavady (che Amma chiama 'Anandavadi' o 'Giardino della felicità') quando non c'era nessuno dell'ashram che coordinasse i programmi.

A quel tempo, l'attività principale dei responsabili dell'ashram era fare visita alle famiglie. In media facevamo visita a 25-30 case ogni giorno. Non c'era nessuno che non conoscesse Amma, persino nei villaggi più remoti. Le persone ci dimostravano enorme rispetto quando dicevamo che eravamo dell'ashram di Amma. Condivisero anche molte esperienze che avevano avuto con lei.

Ascoltando le esperienze di centinaia di suoi devoti, compresi che lei mi aveva inviato a Wayanad non per portare conforto alla gente del posto, ma per rinvigorire e guarire me. Credo che sia stata solo l'immensa grazia di Amma a rendermi uno strumento per portare avanti la sua opera tra loro negli ultimi venticinque anni, aiutandomi a smussare le mie asperità.

2

Coltivare la devozione

Swami Anaghamritananda Puri

Lasciate che vi racconti brevemente come sono diventato devoto di Amma. Come direbbe lei, sono uno di quelli "che sono cambiati dopo aver incontrato Amma".

A quei tempi, avevo acquisito, da articoli che lanciavano accuse infamanti contro di loro, una comprensione distorta delle persone con inclinazioni spirituali. Non mi ero mai preoccupato di verificare se le accuse fossero vere o false e se riguardassero anche gli ashram. Tuttavia avevo una qualche conoscenza del Sri Ramakrishna Seva Ashram di Kaloor ad Ernakulam e avevo anche assistito a discorsi tenuti da *pandit* (eruditi) quali Vaidyalinga Sharma, Narayana Pisharody, Prema Pandurangan e Madhavji.

Nonostante i miei dubbi sulle "persone spirituali", ammiravo tre *sannyasi*. Uno era Swami Vivekananda, amato e onorato dagli indiani, e gli altri due erano Swami Jayendra Saraswathi del Math di Kanchi e Swami Vishwesha Thirtha del Math di Pejawar. Li avevo incontrati entrambi ed ero rimasto impressionato positivamente dalle loro parole e dal loro comportamento.

Frequentavo abitualmente il tempio Pavakulam Sree Mahadeva. Un giorno, quando ci andai, vidi un volantino con la fotografia di una donna. Chiesi a qualcuno del volantino e costui mi disse che il volantino apparteneva a Ravi-chettan[4] e che la foto era quella di Amma. Nella foto, Amma è nel *kalari* e ha entrambe le mani posate sul petto. Trovai questa foto affascinante.

Due giorni dopo incontrai Ravi-chettan e gli chiesi chi fosse Amma. Con mia grande sorpresa, cominciò a piangere a dirotto e poi prese a parlare lungamente di Amma mentre cercava di trattenere i singhiozzi.

Disse che era Parashakti, l'Onnipotente, e che compiva miracoli. Una volta incontrata una persona, non la dimenticava più. Non trovai nulla di speciale in questo. Gli articoli diffamatori che avevo letto erano ancora vivi nella mia mente, ma le due frasi successive che pronunciò fecero nascere in me il desiderio di incontrarla. Ravi-chettan disse: "Tutti sono uguali per Amma. Lei non discrimina nessuno e ama tutti allo stesso modo".

Queste parole penetrarono profondamente nella mia mente dove continuarono a risuonare più e più volte. Pensavo che amare tutti allo stesso modo fosse impossibile per gli esseri umani. Se Amma era in grado di farlo, doveva esserci qualcosa di speciale in lei. Volevo incontrarla.

Anche senza che lo chiedessi, Ravi-chettan si offrì di portarmi da Amma, ma in seguito si recò diverse volte ad Amritapuri senza portarmi. Quando gli chiesi il perché, mi spiegò che il pensiero di andare da Amma nasceva all'improvviso e che non aveva il tempo per informare me o chiunque altro. A quel tempo non gli credetti, ma più tardi mi resi conto che era vero perché cominciai ad agire nello stesso modo.

Un giorno Ravi-chettan mi disse: "Non hai bisogno di andare ad Amritapuri. Amma sta venendo qui!".

---

[4] Un devoto di Amma. "Chettan" significa "fratello maggiore" in malayalam e viene spesso usato come suffisso in segno di rispetto quando ci si rivolge a uomini più anziani.

Il comitato del tempio di Pavakulam l'aveva formalmente invitata. Così, un giorno del 1986, il tempio le diede il benvenuto. Quando Amma iniziò a cantare i *bhajan*, la sua voce dolce e piena di sentimento mi suscitò un senso di profonda devozione. Al termine dei *bhajan*, tornai a casa poiché non amavo la folla. Il mattino seguente mi recai di nuovo al tempio. Amma sedeva in una stanza e dieci o quindici persone erano in fila per il darshan. Non sapevo nemmeno che cosa fosse il darshan. Ravi-chettan mi esortò a unirmi alla coda. Sebbene all'inizio esitassi, alla fine lo feci.

Quando fui davanti ad Amma, lei mi abbracciò e mi sussurrò un mantra all'orecchio. Si verificò un cambiamento dentro di me: sentii una inspiegabile vicinanza a lei e nella mente comparve il pensiero che dovevo recarmi ad Amritapuri. Senza attendere che Ravi-chettan mi portasse, un giorno partii diretto all'ashram.

Quando raggiunsi Oachira, chiesi a un uomo anziano come raggiungere l'ashram. Mi disse che anche lui ci stava andando e così proseguimmo il viaggio assieme.

Quando arrivammo, mi mostrò dove si trovava Amma. In quel momento, stava dando il darshan in una piccola capanna. Non sapendo cosa fare, rimasi fuori perché dentro c'erano parecchie persone. Quando entrai era l'ora dei *bhajan*. Più tardi mi recai al darshan del Devi Bhava in cui Amma mi parlò con molto amore e affetto.

Quando l'indomani tornai ad Ernakulam, appresi che l'ashram aveva acquistato del terreno a Kaloor. Mi trovai coinvolto nelle attività dell'ashram locale: la costruzione dell'edificio, le iniziative di AYUDH, i campi medici, l'*archana* e i *bhajan* in varie case… Ben presto i devoti di Amma presero il posto dei miei vecchi amici.

Acquistai i libri di Amma e iniziai a leggerli. Lessi anche i libri su Sri Ramakrishna e quelli scritti dai suoi discepoli.

Feci la conoscenza di Gopi-chettan, un ardente devoto di Sri Ramakrishna, che mi insegnò molte cose. Amma gli concesse la grazia di far visita alla sua casa due volte. In seguito, per lungo tempo andai spessissimo ad Amritapuri finché Amma mi diede il permesso di unirmi all'ashram. Non trovai molta resistenza tra i membri della mia famiglia anche se i parenti e i vicini si comportarono come se avessi commesso un grave crimine! A quel tempo non sapevano molto di lei.

Quando poi l'ashram crebbe e Amma diventò famosa nel mondo, cambiarono idea e molti di loro cominciarono a frequentare l'ashram di Ernakulam per incontrarla e assistere ai suoi programmi.

Qual è il devoto più caro al Signore? Che qualità deve avere? Con quale attitudine si dovrebbe adorare Dio? La *Bhagavad Gita* risponde a queste domande nel capitolo dodicesimo che s'intitola Bhakti Yoga.

Il Signore dice:

"Chi rimane equanime, vede e adora costantemente il Signore in tutto, mi è estremamente caro".

Poi prosegue elaborando questa affermazione:

samah shatrau ca mitre cha tatha manapamanayoh
shitoshna sukhaduhkheshu samah sanga vivarjitah
tulya ninda stutir mauni santushto yena kena cit
aniketah sthiramatir bhaktiman me priyo narah

"Colui che è imparziale con l'amico e il nemico, che è equanime nell'onore e nel disonore, nel caldo e nel freddo, nel piacere e nel dolore e in tutte le esperienze generate dalle coppie di opposti, che non ha attaccamenti e non si esalta se lodato né si avvilisce se insultato, che è dedito alla contemplazione, che si accontenta di semplici mezzi di sussistenza per vivere, che ha fermamente

stabilito l'intelletto nel Sé ed è pieno di devozione –
quel devoto mi è caro". (*Bhagavad Gita*, 12.18 – 19)

Agli occhi del devoto non ci sono né amici né nemici, anche se
ci possono essere persone che provano odio per lui. Questa cosa
non è forse vera anche nella vita di Amma? Ci sono persone che
le sono ostili, ma questo non la tocca affatto.

Consideriamo qualcuno un nemico quando si frappone tra
noi e i nostri bisogni e, analogamente, consideriamo amico chi
ci sostiene. Un vero devoto, tuttavia, non bada al corpo, non
discrimina tra un amico e un nemico e non si cura dell'onore o
del disonore, che toccano solo il corpo.

Un giorno, il santo Eknath stava camminando dopo essersi
bagnato nel Gange quando qualcuno gli sputò volutamente addosso. Eknath tornò pazientemente al Gange per bagnarsi di nuovo.
Quando uscì, l'uomo gli sputò ancora addosso. Questo fatto si
ripeté per circa quindici volte, ma Eknath non si lamentò mai.
"Sono stato benedetto con così tante opportunità di immergermi
nel sacro Gange!", fu il suo commento.

Le Grandi Anime come lui dimostrano come comportarsi
nella nostra vita in situazioni simili. Il santo non si offese
quando il suo corpo fu insultato. Ci è difficile comprendere questo
comportamento perché ci identifichiamo con il corpo. Finché la
nostra consapevolezza è confinata nel corpo, non riusciremo ad
accettare con equanimità l'onore e il disonore.

Il Signore Krishna dice: "Il mio devoto è equanime nella lode
e nell'insulto". In genere, le persone amano ricevere complimenti.
Come saremmo felici se Amma ci lodasse! Al contrario, quando
veniamo insultati, reagiamo male e la pressione sanguigna
aumenta! Alcuni dicono: "Non sono Gandhi per perdonare!".
Tuttavia, secondo il Signore Krishna, un vero devoto non prova
alcun orgoglio e considera la lode e l'insulto allo stesso modo,

proprio come l'albero fa ombra a chiunque, compreso chi è venuto ad abbatterlo.

Ricordo una storia legata al saggio Ashtavakra, un'anima realizzata. Il saggio era nato con otto deformità ed è per questo che era chiamato *ashta-vakra* (otto torsioni). Un giorno, quando era ancora un ragazzo, si recò alla corte del re Janaka per partecipare a un dibattito tra studiosi. Non appena i presenti lo videro, iniziarono a ridere. Vedendo ciò, anche Ashtavakra si mise a ridere, con loro grande perplessità.

Il re gli chiese: "Capisco perché tutti stanno ridendo. Ma tu, perché stai ridendo?".

Ashtavakra rispose: "Non vedo alcun studioso qui, ma solo conciatori di pelle. Essi ridono vedendo solo le imperfezioni del mio corpo e non il Sé che dimora in me. Se un vaso si rompe, lo spazio al suo interno non si rompe. Lo spazio è onnipresente, non legato al vaso, ed è privo di attributi. Il mio corpo è deforme, ma io non sono il corpo. Io sono il Sé. Questi ignoranti non l'hanno compreso".

A queste parole, gli studiosi provarono vergogna. Ashtavakra non solo era rimasto impassibile dopo l'insulto, ma aveva anche corretto le loro concezioni errate.

Proprio come una montagna rimane immobile sia che il vento soffi da sud o da nord, un vero devoto rimane indifferente al piacere e al dolore e considera tutto come un gioco di Dio. Noi, però, vogliamo che tutto accada come ci piace anche se non sappiamo cosa sia veramente bene per noi.

La vita è una alternanza di momenti buoni e cattivi, di felicità e di dolore, ma noi non riconosciamo questo fatto. Alcune persone pensano che si rivolgeranno a Dio quando tutto andrà bene. Ciò che dovremmo fare, invece, è pensare a Lui in modo che anche i nostri brutti momenti diventino belli.

Qual è la causa della sofferenza? L'infatuazione per gli oggetti. Limitarsi a rinunciare agli oggetti non ci aiuterà però ad essere felici. Dovremmo rinunciare a questa nostra infatuazione. Se ci riusciamo, pur vivendo in mezzo agli oggetti dei sensi non ne verremo infuenzati. Il re Janaka è un esempio perfetto di tale distacco interiore.

Il Signore Krishna dice inoltre:

apuryamanam achalapratishtam samudramapah pravishanti yadvat
tadvat kamayam pravishanti sarve sa shantimapnoti na kamakami

"Proprio come l'oceano resta inalterato pur ricevendo continuamente acqua, chi resta inamovibile davanti al turbinio degli oggetti sensoriali sperimenta la pace; chi cerca di soddisfare i suoi desideri, non la troverà".
(*Bhagavad Gita*, 2.70)

Un'altra caratteristica del vero devoto è il silenzio, che non è il silenzio esteriore. Anche se non parliamo, il chiacchierio della mente può proseguire. Qualche anno fa, un *brahmachari* stava osservando un voto di silenzio mentre supervisionava i volontari venuti ad imbiancare la camera di Amma mentre lei era all'estero. Gesticolando, il *brahmachari* cominciò a dire loro di spostare alcuni mobili nella stanza. Vedendolo, uno di loro commentò: "Che bell'uomo. Peccato che sia muto!". Un altro rispose: "Non preoccuparti, vive nell'ashram ed Amma si prenderà cura di lui". A queste parole, il *brahmachari* perse la calma e rispose: "Non sono muto!". Alla faccia del silenzio!

La *Bhagavad Gita* definisce l'austerità della mente con queste parole:

manah prasadah saumyatvam maunam-atma-vinigrahah...

Serenità della mente, gentilezza, silenzio e autocontrollo... (16.17)

Un vero devoto contempla costantemente Dio. Lo vede ovunque perché percepisce tutto ciò che è senziente e insenziente come forme di Dio. Tale devoto è, quindi, *sthita-prajna*, ovvero possiede una consapevolezza radicata nell'avere realizzato il Sé. La sua mente non vacilla.

Amma dice che è difficile dimorare nella saggezza senza devozione. La calce viva non è sufficiente per fare il cemento: bisogna aggiungere la malta. Allo stesso modo, assieme alla conoscenza, occorre l'amore. La visione della Verità consiste nel fare l'esperienza di non essere il corpo, ma il Sé o l'anima che è in noi. Consiste nella comprensione che solo il corpo muore e non il Sé interiore. Nella *Bhagavad Gita*, il Signore Krishna paragona il declino del corpo a degli abiti logori. Amma utilizza l'analogia della lampadina. Se la lampadina si guasta, la corrente elettrica rimane.

Si dice che la morte sia la paura più grande dell'uomo. Esiste un unico modo per dissolvere questa paura: il *satsang*, la compagnia della Verità, ovvero la compagnia di persone stabilite nella Verità. Attraverso il *satsang*, *bhaya* (paura) lascia il posto ad *abhaya* (assenza di paura). *Abhaya* significa anche rifugio, cioè prendere rifugio in Dio o nel Guru.

Il vero devoto che si abbandona completamente a Dio non si preoccupa se si trova in paradiso o all'inferno perché è sempre immerso nella beatitudine interiore. È sempre felice, a prescindere da ciò che mangia, dagli abiti che indossa o dal luogo in cui dorme. È soddisfatto di qualunque cosa accada. Invece, la maggior parte delle persone si lamenta dicendo: "Non è abbastanza, non è abbastanza!". Trova sempre qualcosa che non va, ha qualche rimostranza. La felicità sarà un miraggio per queste persone.

Un uomo stava andando di buon mattino a fare una passeggiata. La moglie gli preparò un uovo sodo per colazione. Vedendolo, disse: "Avrei preferito una frittata". La mattina dopo, la donna gli preparò la frittata. Vedendola, l'uomo commentò: "L'uovo sodo era meglio". Il terzo giorno, la moglie preparò sia l'uovo sodo che la frittata in modo che potesse scegliere. Vedendolo, l'uomo si lamentò dicendo: "Hai fritto l'uovo che bisognava bollire e bollito quello che andava fritto!".

Un vero devoto ha una mente pura e una devozione completa per il Signore. Molti anni fa vidi una scena insolita: Amma indossava una camicia durante il darshan. Un uomo anziano sedeva vicino a lei. Facendo delle domande in merito, scoprii che l'uomo era un agricoltore di un villaggio vicino a Erode, nel Tamil Nadu. Ardente devoto di Amma, aveva l'abitudine di offrirle tutto ciò che riceveva prima di utilizzarlo. Lo metteva immediatamente nella sua stanza della *puja* e lo usava solo dopo.

Un giorno, suo nipote gli regalò due camicie. Immediatamente l'uomo pensò di offrirle ad Amma. Come al solito, le mise entrambe nella stanza della *puja*. Quando poi si recò da Amma, ne indossò una. Durante il darshan, offrì l'altra camicia ad Amma. Amma gli chiese: "Figlio, a chi devo darla?".

"Questo dipende da te, Amma" rispose il devoto.

Amma sbottonò la camicia e la indossò continuando a dare il darshan e parlando dell'atteggiamento puro di questo devoto con chi le era vicino. All'uomo non venne in mente che "Amma è una donna che indossa solo sari e non camicie". Desiderava semplicemente offrirle ciò che aveva ricevuto.

Il Signore dice:

ye tu dharmyamritamidam yathoktam paryupasate
shraddadhana matparama bhaktaste'tiva me priyah

*"Chi onora questa legge immortale che ho annunciato,
chi ha fede in Me, chi mi considera la meta suprema
e ha una devozione esclusiva per Me, mi è
estremamente caro".* (Bhagavad Gita, 12.20)

Questo verso indica le due qualità di un vero devoto: la fede nelle parole del Guru e la devozione nei suoi confronti al fine di diventare divino.

Le parole di un Guru sono come una lampada. Una fiamma non si dirige verso una direzione particolare, ma emana la stessa luce in tutte le direzioni. Come possiamo usare questa luce per procedere nel nostro cammino, così possiamo usare la forma del Guru per progredire interiormente avvicinandoci alla nostra vera natura. Chi lo fa è caro al Signore.

Questa conoscenza ci aiuta a comprendere e ad assimilare la devozione. Il Signore Krishna elencò le qualità di un devoto in modo che possiamo ricordarle e praticare ciascuna di esse. Più le pratichiamo, più l'oscurità dell'ignoranza sarà dispersa e più ci avvicineremo alla perfezione.

Dobbiamo visualizzare queste virtù e impegnarci a coltivarle. Se non ci riusciamo, dobbiamo sentirci addolorati e piangere desiderandole. Dobbiamo dedicarci completamente a questa *sadhana* (pratica spirituale). Anche questa è devozione.

Non è sufficiente innalzare lodi a Dio, bisogna anche obbedirGli. Inoltre, dobbiamo diventare consapevoli dei nostri limiti e gradualmente, con la grazia del Guru, riusciremo a trascenderli.

Queste virtù sono naturali per i *Mahatma* (anime spiritualmente illuminate). Possiamo vedere tutte le virtù di un vero devoto in Amma, che non prova odio né collera verso nessuno ed è dedita esclusivamente ad alleviare la sofferenza, ovunque la veda. Le decisioni di Amma non dipendono dalle opinioni o dalle percezioni degli altri. Una volta che ha deciso qualcosa, va avanti con fiducia e allegria.

Una volta, il *brahmachari* responsabile del progetto *Amritakuteeram* (alloggi gratuiti) chiese ad Amma: "Perché aiutare tutte queste persone che non fanno altro che criticare ogni cosa che facciamo per loro?".

Amma rispose: "Amma non serve gli altri in base a ciò che le persone fanno o dicono. Amma serve perché è nella sua natura farlo". È fermamente stabilita nel *dharma* e radicata nella Verità. Compie ogni cosa senza il senso dell'ego. Non ha alcun attaccamento. Pur dirigendo tantissime istituzioni, non ha il senso della proprietà.

Swamiji (Swami Amritaswarupananda) dice spesso: "Se osservate Amma con attenzione, potete rendervene conto". Per esempio, durante il darshan, Amma tiene incontri nell'area di fianco a sé, vicino a dove siede, fornisce istruzioni, chiacchiera e consola i devoti che vengono per il darshan. È bravissima nel compiere diverse attività contemporaneamente senza considerarne nessuna insignificante.

Come e dove compiere la *sadhana*? Molti pensano che il luogo ideale per la *sadhana* sia un posto appartato vicino a un fiume, in una foresta o sull'Himalaya, dove immaginano di poter rimanere in tranquilla contemplazione di Dio. Quasi tutti coloro che conducono una vita spirituale avranno avuto un pensiero simile. Non c'è nulla di male.

Anche Amma dice che quando stai imparando a guidare devi farlo in un luogo deserto. Tuttavia, le Scritture e i maestri spirituali affermano che il luogo migliore per la *sadhana* è alla presenza del Guru.

Siamo benedetti a vivere con Amma. Lei è sempre con noi, medita con noi, canta *bhajan* con noi, prepara il cibo per noi servendocelo, nuota con noi, scherza con noi e ci porta con lei in tour... Probabilmente nessun Guru nella storia ha mai fatto qualcosa di simile.

Amma è così incoraggiante. Se siamo nervosi perché dobbiamo tenere un discorso, ci accarezza la schiena per calmarci e ride alle nostre battute per rafforzare la nostra sicurezza. Amma adotta *bhava* diversi per aiutarci a crescere spiritualmente.

Un giorno un ragazzo stava tornando a casa da scuola quando si mise a piovere. Il giovane teneva i libri sotto la camicia per non bagnarli. Quando arrivò a casa, vide la madre in piedi davanti alla porta che lo aspettava. "Sei bagnato fradicio! Potrebbe venirti la febbre. Figlio, avresti potuto mettere i libri sulla testa per proteggerti dalla pioggia" disse. Poi gli prese i libri, li mise da parte e con affetto gli asciugò la testa con un asciugamano. Quando un'altra volta piovve di nuovo, il ragazzo ricordò le parole della madre e riparò il capo con i libri. Arrivato a casa, vide il padre in piedi davanti alla porta che lo aspettava. Il padre lo rimproverò per aver trattato i libri di scuola con così poca cura. Chi aveva ragione, il padre o la madre? Entrambi. Per la madre, suo figlio era tutto ed è per questo che fu così affettuosa con lui. Anche il padre amava il figlio, ma si preoccupava anche di come la società avrebbe giudicato le sue azioni. Perciò fu più severo della madre.

Nel Guru possiamo vedere una mescolanza armoniosa di entrambe le qualità. Di recente, durante la meditazione, Amma ha detto: "Disciplina e compassione sono entrambe necessarie". Due dei mantra del *Lalita Sahasranama* (i mille nomi della Madre Divina), sono: *raga-svarupa-pashadhya* e *krodha-karankushojvala* (mantra 8 e 9). Amma ci attira verso di lei con la fune dell'amore e poi ci disciplina con il pungolo della severità.

Amma ha parlato degli alberi di rudraksha ed espresso il desiderio di vederli nell'ashram. Si dice che i desideri dei *Mahatma* siano *sankalpa* (intenzioni divine). Per quanto ne so, gli alberi di rudraksha non si trovano in questa regione e crescono solo nella regione himalayana. Tuttavia, ora, anche qui abbiamo alcune centinaia di alberi di rudraksha.

In un certo senso, siamo tutti diversi tipi di piante e Amma è la giardiniera. Il suo è un lavoro difficile. Alcuni alberi possono essere piantati con facilità, altri hanno bisogno di essere seguiti con maggiore cura e necessitano di tanto concime. Al di là di quale pianta siamo, se siamo pronti ad abbandonarci alla terra, Amma ci farà diventare alberi maestosi in grado di dare ombra e frutti. In altre parole, qui, alla sacra presenza di Amma, abbiamo l'opportunità di scalare le vette spirituali.

Ma non basta solo sognare la grandezza. Dobbiamo superare gradualmente le nostre debolezze, passo dopo passo, con perseveranza. Attraverso le pratiche spirituali, dobbiamo coltivare tutte le qualità di un vero devoto. Per riuscirci abbiamo bisogno della grazia di Amma. Possa Amma benedire tutti noi affinché le nostre azioni siano complete, genuine e onorevoli, degne offerte al Divino.

3

Paradiso sacro

Swamini Amalamrita Prana

Un giovane si recò in un ashram per imparare a meditare. Seguì gli insegnamenti del Guru, divenne suo discepolo, obbedì alle regole dell'ashram, prese parte ai canti e alle *puja*, cantò i *bhajan* e fece servizio disinteressato. Tuttavia, anche dopo essere rimasto all'ashram per anni, il Guru, che godeva della beatitudine della meditazione, non ne condivideva i segreti con lui. Il discepolo fu preso dall'ansia.

Passarono i giorni. L'irrequietezza del discepolo diventò evidente, ma il Guru faceva finta di non notarlo e continuava a parlargli gentilmente e amorevolmente. A volte gli chiedeva di sedersi vicino a lui e poi decantava il grande valore della meditazione senza però insegnargli a meditare. Incapace di contenere la propria frustrazione, il discepolo chiese infine al Guru: "Ho vissuto per anni con te e ciò nonostante non mi hai mai insegnato a meditare. Perché?".

Il Guru si limitò a sorridere. Dopo qualche giorno, il Guru e il discepolo uscirono per una passeggiata. Le stelle brillavano e la luna era alta nel cielo. Nel silenzio, si udiva il cinguettio di un uccello in lontananza. Il Guru chiese: "L'hai udito?". Il discepolo rispose di sì.

La sera successiva, uscirono di nuovo per una passeggiata e sentirono nuovamente il cinguettio. Il Guru chiese: "Mi sai dire quale uccello cinguetta così melodiosamente?". Il discepolo ascoltò attentamente e disse: "Sì, è un cuculo".

Il terzo giorno sentirono ancora una volta gorgheggiare il cuculo. Il Guru chiese: "Riesci a percepire la dolcezza che si cela dietro il canto?". All'improvviso il discepolo comprese cosa significasse meditare, si perse nella bellezza della natura e non sentì quello che il Guru disse dopo.

La bellezza è un elemento integrante della meditazione. C'è bellezza nel cinguettio di un uccello e nella serenità che emanano i fiori. Nelle carezze della brezza si possono percepire onde di beatitudine.

Amma ha detto più volte che la meditazione non è qualcosa che si fa in una stanza isolata: dedicarsi a ogni nostra attività quotidiana con totale attenzione è vera meditazione. Questo è anche *karma yoga*. Nella *Bhagavad Gita*, il Signore Krishna dice:

loke'smindvividha nishta pura prokta mayanagha
jnanayogena sankhyanam karmayogena yoginam

O senza macchia, come ho già indicato, esiste un duplice sentiero in questo mondo: il sentiero della conoscenza per i Sankhya (chi è incline alla contemplazione) e il sentiero dell'azione per gli Yogi (chi è incline all'azione). (3.3)

Il Signore si riferisce alle due pratiche tradizionali, la contemplazione e l'azione, che portano alla realizzazione del Sé. Il risultato di un'azione si basa non solo su cosa si fa ma anche su come lo si fa. Kuchela offrì solo una manciata di fiocchi di riso al Signore Krishna. Sebbene il loro valore fosse insignificante a livello materiale, per il Signore, che percepiva l'amore puro e la devozione in ogni fiocco, era inestimabile.

Quanto vale un petalo o una foglia? Il suo valore è incommensurabile se offerto a Dio con amore e reverenza. Quando

Satyabhama mise i suoi preziosissimi gioielli su un piatto della bilancia e Krishna si sedette sull'altro, i gioielli non riuscirono a far pendere il piatto da quella parte. Quando però Rukmini mise una sola foglia di *tulasi* (basilico) sul piatto, la bilancia si inclinò dalla parte della foglia. Perché? Perché la devozione di Rukmini era ancora più preziosa del peso in oro del Signore.

Immaginate che uno studioso e un devoto si immergano nel Gange. Lo studioso laverà solo il corpo, mentre il devoto laverà il corpo e purificherà anche la mente. Il risultato di ogni azione dipende quindi dall'attitudine di chi la compie.

Un giorno, Amma fece questa domanda: "Un Guru sarà maggiormente compiaciuto da chi si limita a seguire alla lettera le sue parole o dal devoto che svolge il compito con discernimento?". Amma disse che quest'ultimo le è più caro. La conoscenza e l'azione non sono due cose diverse: compiere un'azione con consapevolezza e conoscenza è *karma yoga*.

Nel 1985, quando frequentavo il biennio universitario (*junior college*), Amma fece visita al Sarada Mandir di Kozhikode. Fu lì che io e i miei familiari incontrammo Amma per la prima volta e subito diventammo tutti suoi devoti. Vederla, fece nascere in me il desiderio di vivere con lei per il resto della mia vita. Nessuno della mia famiglia si oppose alla mia aspirazione di unirmi all'ashram, ma mi fu chiesto di laurearmi prima. Anche Amma mi disse di conseguire la laurea prima di trasferirmi all'ashram. Alla fine, con il suo permesso, diventai una residente dell'ashram nel 1990.

Il mio primo *seva* fu in tipografia. A quei tempi, non sapevo perché dovessi fare *seva*. È importante avere almeno un'idea di cosa stiamo facendo e perché lo stiamo facendo. All'epoca, Swami Jnanamritananda era responsabile della stamperia. Una volta si arrabbiò con noi perché lavoravamo distrattamente, ci mandò via e chiuse la tipografia. Invece di sentirci tristi per essere state punite, ci rallegrammo perché potevamo andare da Amma. Ci recammo tutte nella capanna e ci sedemmo vicino a lei. Vedendoci tutte insieme, Amma chiese: "Cos'è successo? Non avete nulla da fare in tipografia?".

Tutte contente, rispondemmo: "Swami ci ha mandato via e ha chiuso la tipografia". Amma chiamò lo *swami*. Quando apprese cosa fosse accaduto, Amma ci disse amorevolmente che dovevamo compiere ogni azione con consapevolezza. Farlo, ci avrebbe aiutato a purificare i nostri pensieri.

Dopo questo fatto, Amma cominciò a controllare il nostro lavoro da vicino. Ci fece capire che non avremmo dovuto distrarci nemmeno se lei fosse passata davanti alla tipografia. Ci fece capire che il *seva* è un atto di adorazione e quindi dovevamo focalizzarci sul compito assegnato.

A quel tempo, le persone che lavoravano in tipografia erano poche. Nei giorni in cui non c'era il darshan, Amma partecipava alla pulizia dell'ashram con i residenti e i devoti, trasportava sacchi di sabbia per i lavori di costruzione in corso e svolgeva altri *seva*. Vedendola, chi di noi lavorava in tipografia si sentiva triste perché non poteva unirsi ad Amma e invidiava chi invece poteva. Amma, che conosceva i nostri cuori, ci faceva visite inaspettate la notte. Di solito, il nostro lavoro continuava fino alle due o alle tre del mattino. Ogni volta che ci faceva visita portava un bricco di caffè in una mano e qualche pacchetto di snack nell'altra. Diceva: "Figlie, come può dormire Amma quando voi lavorate fino a tarda notte senza riposare? Quando tornerà nella sua stanza, Amma leggerà delle lettere, ma prima di farlo, voleva darvi il caffè e degli snack". Amma trascorreva molto tempo con noi prima di partire. Se non riuscivamo a partecipare ai *bhajan* per la mole di lavoro, Amma veniva poi in stamperia e cantava dei *bhajan* con noi. In tal modo, il nostro *seva* divenne una festa. Solo più tardi capimmo che Amma stava trasformando il nostro *karma* in *karma yoga*, il nostro lavoro in un atto di adorazione.

Un giorno, Amma smise all'improvviso di venire in tipografia. All'inizio pensammo che fosse impegnata, ma quando non venne nemmeno dopo molti giorni, cominciammo a preoccuparci. Avevamo lavorato distrattamente? Eravamo andate contro i suoi desideri? Nutrivamo pensieri impuri? Mentre ci chiedevamo quali fossero i motivi della sua assenza, Amma inviò Swami Amritatmananda da noi. Ci chiese se stessimo tutte recitando sempre l'*archana*. Disse: "Amma non se la sente di venire in stamperia perché pensa che qualcuna di voi non reciti mai l'*archana*".

Era vero. Per varie ragioni, alcune di noi non la recitavano. Questo ci fece chiaramente comprendere che Amma non è limitata alla sua forma fisica. È la pura coscienza onnipervadente ed è con noi a livello sottile. Questa esperienza ci convinse della sua onniscienza.

Nella stamperia, io e Vasanthi *ceci* preparavamo di solito le lastre per la stampa. Prima del compleanno di Amma saremmo state molto occupate con l'uscita dei nuovi libri. Io e Vasanthi *ceci* avremmo trascorso tutto il tempo nella stanza di elaborazione delle immagini a preparare le lastre da consegnare poi ai *brahmachari*. Essi avrebbero lavorato in turni di 24 ore per terminare la stampa dei libri prima del compleanno. Avendo scoperto che non saremmo riuscite neppure a vedere Amma per giorni, ci sentimmo tristi. Concentrarci sul lavoro diventò difficile. Alla fine decidemmo di fare tutte le lastre necessarie in una volta sola per poter andare a vedere Amma. In questo modo, terminammo il lavoro per tempo.

Venimmo a sapere che Amma si era recata negli alloggi delle *brahmacharini*. Mentre ci preparavamo a raggiungerla, comparve il *brahmachari* incaricato della stampa che ci disse: "La lastra che ci avete dato è danneggiata. Ce ne serve un'altra. Non riusciamo a stampare con quella lastra". Che delusione! Sentendo che avremmo dovuto fare del nostro meglio per svolgere il *seva* che

Amma ci aveva assegnato, continuammo a lavorare per altri 30–45 minuti prima di andarcene.

Non sapevamo se Amma fosse già rientrata in camera. Fortunatamente no. Era andata a controllare i lavori di costruzione delle cucine e si trovava in una delle stanze delle *brahmacharini*. Udimmo la sua voce e la sua risata. Poiché la stanza era affollatissima, rimanemmo sulla porta. Quando arrivammo, Amma si alzò per andarsene, seguita da un battaglione di *brahmacharini*. Nascondendo la nostra tristezza, ci spostammo e ci schiacciammo contro il muro in modo che potessero uscire. Mentre passava, Amma mi prese la mano e premette qualcosa nel mio palmo, poi lo chiuse e proseguì. Quando andai in stamperia vidi che mi aveva dato un piccolo *prasad*. Per tutto il giorno continuai a sentire il profumo persistente di Amma sulla mia mano.

Quando la nostra mente diventa più pura, smettiamo di incolpare gli altri per gli errori e diventiamo consapevoli dei nostri difetti. Ricordo una storia raccontata da Amma. Una coppia di sposini si trasferì nel loro nuovo appartamento. Dalla finestra, la giovane sposa vedeva gli abiti appena lavati dei vicini stesi ad asciugare. Disse al marito: "Vedi? Quei vestiti non sono veramente puliti. Forse la donna di casa non sa come fare bene il bucato". Il marito rimase in silenzio.

Ogni giorno faceva lo stesso commento e il marito non rispondeva. Dopo qualche settimana, la donna gli disse: "Hai visto? Quella donna ha finalmente imparato a fare il bucato. Oggi gli abiti stesi non hanno nessuna macchia. Mi chiedo chi le abbia insegnato come lavare correttamente la biancheria".

Il marito rispose: "Stamattina ho pulito le nostre finestre. Pensavi che i loro abiti non fossero puliti a causa dello sporco e del sudiciume sulle nostre finestre!".

Se cerchiamo di svolgere ogni compito che Amma ci assegna come atto di adorazione o con l'atteggiamento di esseri strumenti nelle mani di Dio, la natura delle nostre azioni verrà trasformata. Questo atteggiamento di accettazione attrae la grazia del Guru, che laverà via l'egoismo dai nostri cuori. Col tempo, lo specchio dei nostri cuori diventerà pulito e saremo in grado di percepire solo il bene in ogni cosa.

Se usiamo le facoltà della consapevolezza e del discernimento dateci da Dio, possiamo servire il mondo ed evolverci spiritualmente. Amma chiese a parecchie *brahmacharini* di laurearsi in Scienze dell'educazione e poi le nominò responsabili delle scuole Amrita Vidyalayam. Amma mi inviò prima a Pulpally, dove servii per parecchi anni. Un giorno, mi disse si recarmi a Karwar, in Karnataka. Non conoscendo il kannada, questo incarico fu un duro colpo per me e per gli altri. Ciò nonostante, credetti fermamente che lei si sarebbe presa cura di tutto.

Ricordai un fatto accaduto nella piscina dell'ashram anni prima. Eravamo in fila per essere spinte in acqua da Amma. Quando venne il mio turno, fui presa dalla paura e lo dissi ad Amma. Lei rispose: "Una volta che hai imparato a nuotare, non lo dimenticherai più". Poi mi spinse in acqua. Fortunatamente caddi dentro il salvagente ad anello messo nell'acqua a tale scopo. Non dovetti fare nulla. Muovendo un po' le gambe, fui in grado di raggiungere la parte della vasca dove l'acqua era bassa. Andare a Pulpally e a Karwar si dimostrò facile come questa esperienza. Sentii che la forza divina di Amma agiva dentro di me. Tutto quello che dovevo fare era essere uno strumento nelle sue mani.

Permettetemi di condividere una storia che ho sentito raccontare. In una scuola, era giunto il momento di pubblicare i voti finali. Al preside sarebbe piaciuto promuovere tutti gli studenti a patto che ognuno di loro avesse dimostrato la propria preparazione. Ogni allievo avrebbe avuto un progetto da realizzare e chi non lo avesse completato sarebbe stato bocciato. Tuttavia il tempo a disposizione era pochissimo. L'insegnante cominciò a pensare ad un modo di promuovere tutti i suoi studenti, che erano tutti intelligenti. All'improvviso gli venne un'idea: disegnò una stella sulla lavagna e chiese ad ogni allievo di disegnarla sul suo quaderno. Camminando nell'aula, notò che alcuni studenti avevano disegnato stelle meravigliose, altre mediocri e altre ancora decisamente brutte. L'insegnante sussurrò qualcosa a coloro che sapevano disegnare bene e qualcosa anche a chi non sapeva disegnare bene.

Il preside arrivò per valutare gli studenti. L'insegnante disegnò una stella sulla lavagna e poi scrisse: "Riempite gli spazi vuoti". A ogni allievo fu chiesto di avvicinarsi alla lavagna e di completare il disegno. Quando tutti gli studenti ebbero finito, il preside vide disegnata una bellissima costellazione con stelle di varie forme e una magnifica luna. C'erano anche molti puntini. Il preside chiese all'insegnante cosa fossero e lui rispose che si trattava di stelle lontane. Impressionato, il preside disse all'insegnante di promuovere tutta la classe.

Cosa aveva fatto l'insegnante? Aveva detto a chi sapeva disegnare bene di fare le stelle e la luna e agli altri di mettere un puntino.

Questo non è ciò che fa anche Amma, la protettrice dell'universo? Tutti noi siamo giunti da lei dopo molte nascite. Nella sua infinita compassione, Amma ha creato per noi varie opportunità di servire ed esaurire i nostri debiti karmici. Non possiamo fare almeno un puntino? Amma dice: "Figli, fate quello che potete. Siate, semplicemente siate: questo è sufficiente. Amma si prenderà cura del resto".

Se usiamo al meglio questa opportunità, la nostra vita sarà davvero benedetta. Possa Amma riversare la sua grazia su tutti noi.

4

Quegli occhi!

Br. Rishi Chaitanya, Stati Uniti

Amma dice che "il Guru è come una grande porta attraverso cui il discepolo può progredire sul sentiero spirituale. Per farlo, il discepolo deve entrare nel cuore del Guru. Il Guru è l'amico più nobile e fidato che ci risveglia alla realtà secondo cui 'Io non sono questa piccola entità, ma sono pervasivo e infinito come il cielo. Io sono la pienezza stessa'".

Che cos'è questa porta interiore? È un grande mistero. Qualcosa dentro di noi si apre, qualcosa a cui prima non avevamo accesso, di cui non sapevamo nemmeno l'esistenza. Questa porta è il Guru interiore. È attraverso tale apertura interiore che il discepolo può intravedere e percepire la sua vera natura, che è anche la nostra vera natura.

Amma dice che "nella vita spirituale avvengono due incontri con il Guru: l'incontro esterno e l'incontro interiore. Dobbiamo fare entrambi gli incontri per procedere nella vita spirituale".

Incontrai Amma per la prima volta nel 1996 a San Ramon, in California, mentre Amma stava dando il darshan del Devi Bhava. Andai sulla balconata e sedetti sopra a dove Amma stava dando il darshan. Dopo essermi guardato intorno, cominciai a godermi la scena. L'atmosfera era bella e vibrante. Una dopo l'altra, persone di diverse età, origini e nazionalità andavano da Amma per essere abbracciate. Per quanto accattivante fosse quella scena, ciò che era ancora più splendido era la luce che sembrava circondare Amma.

Questa luce non era qualcosa di soprannaturale, in qualche modo *sentivo* che c'era.

Dopo aver guardato Amma a lungo, chiusi gli occhi e percepii interiormente la stessa luce come la più rassicurante e confortante presenza materna. Quella presenza era estremamente viva e nuova, e allo stesso tempo molto familiare. Sembrava una presenza che nella mia vita era rimasta assopita. Passai tutta la notte sulla balconata a guardare Amma tenendo gli occhi aperti, poi chiudendoli, parlando a quella meravigliosa presenza e facendomi abbracciare da lei.

Poiché nessuno ci aveva detto di rimanere fino alla fine del Devi Bhava, io e i miei amici ce ne andammo presto. Mentre uscivamo dall'ashram, la nostra macchina scivolò giù da un terrapieno e finì in un fosso. Passammo mezz'ora cercando di estrarla. A un certo punto, mentre i miei amici stavano ancora provando, mi presi una pausa. Risalii il pendio e mi sedetti sul ciglio della strada.

Improvvisamente una Lexus che stava scendendo dal tempio accostò lentamente e si fermò davanti a me. Qualcuno abbassò il finestrino: era Amma! I suoi occhi erano come due soli splendenti. Ci guardammo. Rimasi a bocca aperta per lo stupore. "Amma?", chiesi. Lei mi rivolse un grande sorriso e poi l'auto ripartì.

Non vidi Amma per molti mesi, ma quegli occhi divennero il mio rifugio. Perfino quando chiudevo gli occhi e li visualizzavo, qualcosa si apriva dentro di me. Ogni volta che pensavo ai suoi occhi sembrava che si aprisse per me una porta interiore.

In seguito appresi da Amma che quando le interiorizziamo, le esperienze avute con il Guru – che sia un darshan, uno sguardo, un sorriso, una parola, il contatto con la sua guancia o il tocco della sua mano – aprono la via alla pace del nostro vero Sé. Fu solo con questa tecnica, interiorizzando e rivivendo le loro esperienze con il Signore Krishna, che le *gopi* (pastorelle) di Vrindavan poterono realizzare Dio dopo la partenza del Signore. Ancora oggi, durante la meditazione, l'immagine degli occhi di Amma appare nella mia mente. Questa tecnica è sempre efficacissima.

Il Signore Krishna dice:

> *yo mam pashyati sarvatra sarvam*
> *ca mayi pashyati*
> *tasyaham na pranashyami sa*
> *ca me na pranashyati*
>
> Colui che Mi vede in ogni cosa e vede ogni cosa in Me non mi perderà mai né Io mi separerò mai da lui.
> (*Bhagavad Gita*, 6.30)

Questo è il mio verso preferito di tutta la *Gita* perché mostra il punto più alto dell'amore divino, quello in cui il devoto diventa uno con Dio. Prima d'incontrare Amma, Dio era per molti solo una parola ma, dopo averla incontrata, Dio divenne un'esperienza. Questo è il miracolo più grande di Amma: risvegliare quell'amore in ognuno di noi. Quell'amore non è diverso da Dio o dal nostro vero Sé e, a poco a poco, cominciamo a percepire quell'amore dietro ogni cosa. Amma dice che esiste un solo modo per entrare in contatto con Dio: l'amore.

Quando incontrai Amma per la prima volta, mi chiesi se fosse davvero possibile avere un rapporto così intimo con il Divino, come indicato nel versetto della *Gita*. Era possibile sperimentare una vicinanza a Dio che fosse altrettanto reale di quella di un'intima relazione umana?

Quando venni in India, scoprii che questo verso della *Gita* corrispondeva alla verità. Ero ancora un adolescente quando lasciai la mia famiglia per andare ad Amritapuri nel 1997. Non ero mai uscito dagli Stati Uniti prima di allora. Nonostante la mia sete spirituale, essere così lontano da tutto ciò che mi era familiare non fu facile.

A quel tempo non c'erano molte comodità nell'ashram. Mi fu difficile inserirmi e abituarmi alla vita intorno ad Amma e nell'ashram. Ad essere sincero, spesso avevo questa sensazione: "Non so se ce la farò. Forse sarebbe meglio se tornassi a casa".

Fu allora che venni a conoscenza di uno dei più grandi segreti dell'ashram: l'oceano. Questo cambiò la mia vita qui per sempre. Negli anni successivi, l'oceano[5] divenne la mia compagna più stretta a cui aprii completamente il mio cuore innumerevoli molte. Sentivo che, per quanto brutta fosse stata la mia giornata, ogni volta che andavo lì, lei correva a salutarmi e io mi sdraiavo nel suo grembo e le raccontavo tutto quello che avevo in mente. Farlo, divenne per me una pratica più potente che pregare in qualsiasi tempio o davanti a qualsiasi divinità.

Imparai presto che non ero l'unico ad avere questo rapporto con l'oceano. A quel tempo vivevo nel piccolo dormitorio sotto la stanza di Amma. Dormivo vicino alla finestra. Molte volte sentivo Amma uscire furtivamente la notte per andare in riva al mare a meditare, pregare, parlare e cantare alla Madre Divina nella forma dell'oceano. Madre Oceano era stata il rifugio di Amma mentre cresceva. A lei, Amma spalancava il suo cuore quando nessun altro la capiva.

Una volta, era già mezzanotte passata, qualcuno venne nel nostro dormitorio e disse: "Amma vi sta chiamando sulla spiaggia!". Andammo e ci sedemmo intorno ad Amma, che cantò alcuni *bhajan* e meditò nella notte buia per molto tempo. Infine disse: "Bene, figli, adesso tornate a letto. Amma si fermerà qui ancora un po'". Non permise nemmeno alla sua assistente, Bri. Lakshmi (ora Swamini Sri Lakshmi Prana), di rimanere con

---

[5] in India, la parola oceano è femminile.

lei. "Ho tante cose da dire all'oceano", le disse, "Potrebbe non ascoltare se tu sei qui".

Ricordo che guardai Amma mentre tornavo indietro. I suoi occhi erano fissi sull'orizzonte. Anche se avevo letto dei giorni di *sadhana* di Amma, fu in quella notte che sentii veramente la sua relazione con la Madre Divina. Ricordo di aver pensato: "Questo è il motivo per cui sono venuto qui. Questo è ciò che voglio avere. Voglio poter aprire totalmente il mio cuore a questa presenza interiore ed avere quel tipo di relazione intima con Dio".

Amma dice che ognuno di noi ha questa relazione interiore, ma avendola trascurata così a lungo, abbiamo perso la capacità di attivarla. Vedere Amma in comunione con Dio e vedere il suo immenso amore per Lui fu un'esperienza straordinaria. Da lei possiamo imparare a pregare e a comunicare con quella fonte d'amore interiore. Da lei possiamo imparare a percepire questa Presenza vivente dietro ogni aspetto della natura come l'oceano, gli alberi e il cielo. Non si possono apprendere queste cose dai libri, ma solo stando alla presenza di un maestro realizzato.

Il modo in cui questa relazione con il Guru si dispiega nella vita di ognuno di noi è diverso e unico ed è questo che lo rende così speciale e sacro.

Circa dieci anni fa, mentre viaggiavo con Amma negli Stati Uniti, invitai un amico al programma di Los Angeles. Mi aveva tempestato di domande e adesso non vedeva l'ora d'incontrare Amma. Ci incontrammo al programma e dopo aver parlato per un po' gli diedi un *token* (biglietto per il darshan) prima che iniziasse la Devi Puja. Quando il Devi Bhava cominciò fui molto impegnato con il mio *seva* e ci perdemmo di vista.

Il giorno dopo lo chiamai al telefono e gli chiesi: "Com'è andata la tua notte? Com'è stato il darshan? Hai incontrato Amma? Raccontami tutto!".

"Beh", rispose, "dopo che ci siamo lasciati, non avevo idea di dove andare. Il posto era molto rumoroso e talmente affollato che le persone si scontravano. Infine giunsi alla fila del darshan. La gente continuava a dirmi di avanzare e poi di aspettare. Era tutto così confuso e, onestamente, mi sentivo un po' irritato. Poco prima di salire sul palco, qualcuno mi chiese: 'Vuoi un mantra?'. 'No, non lo voglio'. risposi. Non so nemmeno cosa sia un mantra!

Alla fine fui sul palco e ancora prima che me ne rendessi conto qualcuno mi stava girando di qua e di là. Quando arrivai vicino ad Amma, qualcuno mi fece inginocchiare, qualcun altro mi tolse gli occhiali e qualcun altro ancora cominciò a pulirmi la faccia con un panno... Ero sempre più disorientato. Quando finalmente fui in ginocchio di fronte a lei, improvvisamente una persona avvicinò il suo viso al mio e mi chiese: 'Qual è la tua lingua madre?'.

La mia cosa madre?

Mentre stavo pensando alla mia lingua, Amma mi afferrò e cominciò a borbottare qualcosa nel mio orecchio. 'Cosa sta dicendo? È inglese?', mi chiedevo. Infine venni staccato dall'abbraccio di Amma, voltato a forza e congedato.

'Cercherò un angolino dove sedermi e elaborare quello che è successo...', pensai. Ma non c'era posto. Così scesi dal palco e vagai un po' nella sala. La folla, la gente, la musica... stanco alla fine di questo frastuono, sono tornato a casa!".

Ero sconcertato. "Mi dispiace molto. Non mi sarei mai aspettato qualcosa del genere", dissi.

"Però, sai", rispose lui, "quando stamani mi sono svegliato, è successa una cosa stranissima. Ho iniziato a piangere e ho sentito una sorta di pace dentro che non avevo mai provato prima...".

Dopo una lunga pausa, aggiunse lentamente: "Non riesco a non pensare a lei. Voglio andare al prossimo programma!".

E così fece. Prese un volo per quella città e trascorse i due giorni successivi seduto in sala a guardare Amma, meditare, pregare e entrare in contatto con quella parte più profonda di sé a cui aveva appena avuto l'accesso.

Lo stesso accade a molti di noi: quando l'incontro esterno con il Guru porta all'incontro interiore con lui, la nostra vita cambia per sempre. Questo non vuol dire che stare con il Maestro sia facile. Quando incontrai Amma per la prima volta e cominciai a passare del tempo con lei, fu meraviglioso. Al tempo stesso, però, qualcosa di inaspettato entrò nella mia vita: il dolore. Ero totalmente impreparato ad affrontarlo. Stare con il Guru è più doloroso di quanto avessi immaginato. Quando il desiderio di avvicinarci ad Amma è sempre più forte, cominciamo a vedere tutto ciò – le nostre debolezze, l'ego, i desideri e le *vasana* (tendenze latenti) – che si frappone tra noi e la nostra meta. Accorgersene può travolgerci e farci soffrire molto perché pur sapendo ciò che vogliamo non riusciamo ad ottenerlo. Ci rendiamo conto di avere bisogno d'aiuto.

È a questo punto che appare il Guru, l'incarnazione dell'amore di Dio dentro di noi, che ci aiuterà a superare quegli ostacoli. Ma non è un compito facile.

Un giorno eravamo seduti con Amma in un luogo immerso in una natura incantevole. Guardando tutti noi, Amma disse: "Sembrate tutti dei bei fiori. Il compito di Amma è cercare i vermi in ognuno di questi fiori e aspettare il momento giusto per rimuoverli!". Questa "rimozione dei vermi" può essere dolorosa.

Molti anni fa eravamo stati ospitati da un devoto durante il tour. Quel mattino, dopo esserci preparati per andare al programma, uscimmo precipitosamente lasciando la casa in completo disordine. Era già notte quando Amma disse alla nostra padrona di casa: "Amma vuole stare a casa tua stasera!".

All'inizio la donna era entusiasta, ma poi fu presa dal panico: il programma stava per finire, non avevamo organizzato nulla e la casa era nel caos più totale. Io e altri volontari che erano ospiti in quella casa lasciammo il programma prima che finisse, saltammo in macchina e corremmo a casa. Appena giunti, cominciammo a raccogliere tutti i sacchi a pelo, i vestiti sporchi, la biancheria bagnata, gli asciugamani e i piatti e li buttammo tutti in una delle camere da letto. Mentre lo stavano facendo, suonò il campanello. Pensando che fossero altri devoti arrivati per aiutarci, la padrona di casa aprì la porta e vide Amma, in piedi, con gli *swami*! In preda al panico, sbatté loro la porta in faccia e urlò: "Amma è qui!".

Accorremmo subito, preparammo l'occorrente per la *pada puja* (abluzione rituale dei piedi di Amma) e poi aprimmo la porta. Amma entrò e la *pada puja* iniziò.

Nel frattempo, il padrone di casa era al piano di sopra, intento a raccogliere le cose sparse qua e là e a gettarle alla rinfusa in quella stanza da letto. Nell'udire il suono della campanella dell'*arati*, scese dalle scale così velocemente che cadde proprio davanti ad Amma!

Dopo la *puja*, Amma andò in cucina, raccontò storielle divertenti, diede il *prasad* a tutti e poi salì per andare nella sua stanza. Nella casa vi era una stanza appositamente riservata per lei. Pulita scrupolosamente tutto l'anno, veniva onorata come la "camera del Guru". Quando però Amma salì le scale, davanti agli occhi inorriditi dei padroni di casa, svoltò improvvisamente a sinistra ed entrò proprio nella stanza in completo disordine e chiuse la porta dietro di sé. E fu lì che pernottò!

Possiamo indossare una maschera e ingannare tutti tranne il Guru, che va proprio dove c'è lo sporco, dove ci sono le nostre debolezze e i nostri difetti. Ed è lì che rimane, riflettendo, come uno specchio, ciò che siamo. Il suo comportamento è dettato dall'amore. L'unico desiderio del Guru è colmare la distanza tra noi e Dio ed aiutarci a riconoscere e a rimuovere quegli ostacoli. Potrebbe trattarsi di un processo doloroso, sconvolgente e molto impegnativo. Amma dice che il Guru può persino creare situazioni che ci rivelino il nostro ego.

I nostri sforzi possono portarci fino ad un certo punto; forse sulla soglia, ma per andare più in profondità nella nostra meditazione, per oltrepassare questa soglia o per entrare nel cuore del Guru, i nostri sforzi non bastano. Quando cominciai a vedere tutte le mie debolezze, i desideri e le negatività comparire ripetutamente, mi sentii sopraffatto e lo dissi ad Amma. Lei mi disse: "Devi imparare a guardare in faccia le tue debolezze e negatività non con paura ma con amore, tenendoti stretto alla mano del Guru".

Chiunque può imparare a svolgere pratiche spirituali, ma per lasciar andare l'ego ed essere un libro aperto davanti al Maestro occorre tantissimo coraggio.

C'è un legame profondo e completo tra Dio, noi stessi e il Guru. Quando ci avviciniamo al Guru e ci apriamo completamente a lui, ci accorgiamo che le barriere che ostacolano questo legame si dissolvono in modo misterioso. La relazione con il Guru è la più dolce ed anche la più difficile.

Questo fatto accadde circa vent'anni fa durante un programma nel tempio Brahmasthanam di Chennai. Erano le due di notte e io stavo lavando dei pentoloni. Qualcuno venne da me correndo e disse: "Amma ti sta chiamando per il darshan!". Poiché non avevo tempo di cambiarmi, corsi subito da lei. Il darshan stava per finire. Arrivai da Amma. Senza dire una parola, posò le mani sulle mie spalle e accostò il suo viso al mio finché i nostri nasi si toccarono. I suoi occhi brillavano e guardavano i miei con un amore tale che avevo l'impressione di cadere in quegli occhi infinitamente profondi...

E poi tutto finì. Amma mi lasciò andare e io mi allontanai stordito. Ma questa esperienza in cui lei mi guardava negli occhi in quel modo penetrò così profondamente in me che divenne parte di me. Devo solo pensarci per riviverla.

C'è una santa cristiana conosciuta come Teresa d'Avila. Un giorno una monaca le chiese: "Sorella, come mediti? Come entri in comunione con Gesù che è in te?".

La santa rispose: "È molto semplice: io guardo Lui e Lui guarda me".

Non ci sono parole, ma solo una sensazione profonda, un flusso, l'amore... E se prendiamo quel pensiero e lasciamo che sfumi, tutto ciò che rimane è quiete, unità, pace.

Quando facciamo proprie tutte le nostre esperienze con il Guru – che siano uno sguardo, un sorriso, una parola, il tocco della guancia di Amma o la sensazione della sua mano – esse aprono la porta alla pace del nostro vero sé.

Possiamo noi sentire sempre gli occhi divini di Amma che ci guardano dietro ogni elemento della natura: il cielo, i fiori, l'oceano... Possiamo noi tenerci stretti alla mano del Guru mentre attraversiamo momenti difficili, quando il Maestro pulisce le nostre "stanze sporche".

Non dimentichiamo mai che al di là di dove ci troviamo, di cosa dobbiamo passare o di quante volte cadiamo, non siamo mai soli. Sappiate che Amma non ci perde mai di vista, nemmeno per un istante.

5

Appagamento

Bri. Nirlepamrita Chaitanya

Nel 1992, quando frequentavo l'università di Calicut, la mia compagna di stanza mi parlò di Amma e delle esperienze che aveva avuto con lei. I suoi racconti erano così avvincenti che cominciai a pensare ad Amma. La notte stessa sognai di ricevere il suo darshan. Potevo sentire il suo amore e persino una ventata del suo profumo.

Il giorno dopo vidi un comunicato sul giornale con l'annuncio: "Amma a Calicut". Il quotidiano mostrava una foto di Amma, che riconobbi grazie al sogno della notte prima. Il mio desiderio d'incontrarla cominciò a crescere.

L'indomani mattina, alle sette, andai dove si teneva il suo programma e mi unii alla fila del darshan. Alle quattro del pomeriggio ero ancora in coda. Poiché dovevo essere di ritorno all'ostello prima delle sei, decisi di andarmene. Mentre stavo per giungere al cancello ed uscire, un uomo venne di corsa da me dicendo che Amma mi stava chiamando. Pensai che mi avesse scambiato per qualcun altro. Come poteva chiamarmi se non ci eravamo mai incontrati? Lo ignorai e continuai a camminare, ma l'uomo mi bloccò la strada e disse: "Devo portarti da Amma. Mi ha chiesto di portarti da lei".

Così andai per la prima volta da Amma. Quando mi vide, si comportò come se mi conoscesse da molto tempo. Abbracciandomi, mi disse: "Come puoi andartene senza aver ricevuto il darshan?". E fu lo stesso darshan del mio sogno! Quel giorno mi resi conto che, pur non mancandomi nulla, c'era un grande vuoto nella mia vita. Nel profondo del mio cuore, mi struggevo per qualcosa che non sapevo cosa fosse e che divenne chiaro quando ricevetti questo darshan: anelavo a un legame con un *Satguru*. Nel 1996 Amma mi permise di entrare nella comunità dell'ashram. Prima di allora, avevo vissuto nel Sarada Math. Mi piaceva quell'atmosfera di disciplina spirituale e i residenti di quell'ashram erano molto affettuosi con me. Quando cominciai a vivere ad Amritapuri, compresi quanto fosse diversa la vita alla presenza di un'incarnazione divina. Amma è Parashakti, l'Onnipotente. È la dea Bhavatarini che Sri Ramakrishna adorava e che si è incarnata come Amma.

Amma fornisce una guida diretta ad ogni aspirante. Tutto ciò che è necessario a un ricercatore spirituale lo si trova qui: *archana*, classi sulle Scritture, lezioni di sanscrito, meditazione, sessioni di yoga, canti, *puja*, *satsang*, *bhajan*... Come si può non essere felici? Se non si riesce a esserlo qui, in quale altro posto si può essere felici?

Il Signore Krishna dice:

yadrccha-labha-santushto dvandatito-vimatsarah
samah siddhavasiddhau ca krtvapi na nibadhyate

"Soddisfatto di ciò che gli giunge spontaneamente,
avendo trasceso ogni dualità, privo d'invidia, equanime
nel successo e nell'insuccesso, pur impegnato nell'azione,
costui non è vincolato". (*Bhagavad Gita*, 4.22)

Amma ci dice la stessa cosa, ovvero, che, come tutte le decisioni, anche la felicità è una decisione.

Un karma yogi è soddisfatto di qualsiasi cosa giunga sul suo cammino e si sforza di liberarsi dalla gelosia, dalla rivalità e dalle coppie di opposti come gioia e dolore, successo e insuccesso, elogio e biasimo. Compie il suo dovere spassionatamente e rimane equanime nella vittoria e nella sconfitta. Amma racconta la storia di un re anziano che, non avendo figli, cercava un successore al trono. In questi casi, nel regno c'era la consuetudine di lasciare libero un elefante reale con una ghirlanda sulla proboscide. La persona inghirlandata sarebbe stata il prossimo sovrano.

L'elefante cinse con la ghirlanda un mendicante, che tentò di fuggire non capendo cosa stesse succedendo. I soldati lo catturarono e lo portarono nel palazzo reale e gli dissero che sarebbe stato il prossimo re. Quando venne il momento, il vecchio re morì e l'ex mendicante fu incoronato. Dopo alcuni anni sul trono, volle provare a rivivere la vita di prima e così si mise degli abiti logori e uscì dal palazzo.

Alcune persone gli fecero l'elemosina, altri gettarono del cibo nella sua ciotola e altri ancora lo scacciarono. Nella sua mente apparvero i ricordi di come aveva reagito a queste situazioni. Di solito era al settimo cielo quando gli donavano parecchio cibo o denaro e si sentiva triste e avvilito se non riceveva nulla o gli urlavano contro. Adesso che l'uomo sapeva di essere re e di avere il tesoro reale a disposizione, non era toccato dalla generosità né dall'avarizia delle persone e poteva accettare qualsiasi cosa con equanimità.

I *Mahatma* (anime spiritualmente illuminate) hanno lo stesso atteggiamento: sono completi, perfetti (purna). Nessuna circostanza esterna può scuoterli. Notiamo costantemente questa perfetta contentezza ed equanimità in Amma, che vede la sua vera natura (*svarupa*), la pura coscienza, anche negli altri.

La maggior parte delle persone tende a paragonarsi agli altri. Quando pensiamo di fare meglio di loro diventiamo orgogliosi e quando gli altri fanno meglio di noi ci rattristiamo e siamo invidiosi. Uno *jnani* (conoscitore della Verità) sa che ognuno di noi è parte di un tutto e quindi non è toccato dall'orgoglio o dall'invidia. La sua mente è sempre calma ed equilibrata. Compie i suoi doveri pensando al bene del mondo e poiché si comporta come se fosse uno strumento nelle mani di Dio, non ha la sensazione di essere colui che agisce. Le sue azioni non sono dettate dalle *vasana* (tendenze latenti) e non ne creano neppure di nuove. Il suo agire è una benedizione per il mondo.

Tutte queste qualità sono innate in Amma. È difficile comprendere o valutare il suo modo di agire. Se guardiamo come riceve i devoti, possiamo cogliere la sua totale mancanza di egoismo. Amma si identifica totalmente con la felicità o il dolore di chi va da lei: il soggetto e l'oggetto si fondono nell'unità.

Alcune persone chiedono cosa si guadagni dall'averla incontrata. Vi racconterò un episodio di cui fui testimone durante il darshan. Un giovane su una sedia a rotelle fu portato da Amma. Con molta angoscia descrisse ad Amma come soffriva di una grave malattia da dieci anni. Lei lo abbracciò e scoppiò anche a piangere. Al termine del suo darshan, sembrava che il ragazzo avesse ricevuto una seconda vita: una pace e una contentezza illuminavano il suo volto. "I miei amici e parenti mi hanno abbandonato molto tempo fa", disse, "ma ora ho una madre! Non mi importa se non guarirò perché ho finalmente incontrato qualcuno che è partecipe del mio dolore. D'ora in poi non sarò più triste perché se piango anche la mia Amma piangerà".

Alla presenza di Amma, dimentichiamo noi stessi e il mondo e raggiungiamo uno stato in cui non abbiamo bisogno di nulla: siamo appagati. Questo è il più grande guadagno.

L'uomo che ricevette il darshan dopo questo giovane aveva una bella notizia da dare ad Amma, che condivise la sua gioia con tutto il cuore. Anche questa persona si allontanò pienamente soddisfatta.

Come fa Amma a soddisfare tutti? Ogni sua azione nasce da un senso di completezza. Lei è sempre appagata e non dipende da nessuna circostanza esterna per la sua contentezza. Amma ci sta aiutando a volgerci all'interno e a diventare autonomi, in modo da non dover più dipendere da oggetti esterni per la nostra felicità. Nel 2006, Amma mi disse di andare all'Amrita Vidyalayam di Kannur. "Ti farò vivere lì da sola", aggiunse.

Feci del mio meglio per sottrarmi dicendo: "Amma, per favore non mandarmi lì da sola. Io non so niente. Cosa posso fare lì tutta sola?".

Ma Amma non cedette e rispose: "È sufficiente che tu sia lì. Farò tutto io".

Come possiamo nutrire dubbi o paure quando diventiamo uno strumento nelle mani di Amma? Quando dipendiamo completamente da lei, diventa naturale abbandonarsi. Mi stava anche insegnando che la mente non dovrebbe crollare di fronte a situazioni difficili. Accettiamole invece come volontà di Dio o del Guru e sforziamoci di andare avanti.

Un giorno un *brahmachari* chiese ad Amma: "Cosa fare quando gli altri considerano la nostra pazienza una debolezza?".

Amma rispose: "Figliolo, che importanza ha per te se gli altri ti considerano un debole? La tua domanda non contiene forse l'aspettativa di un riconoscimento dagli altri? Sei venuto sul sentiero spirituale per realizzare il tuo Sé. Perché ti preoccupi di ciò che le persone pensano di te?".

Con questa risposta, Amma cerca di indurci a coltivare un atteggiamento di accettazione paziente in ogni circostanza e a sviluppare l'equanimità di fronte all'elogio e al biasimo.

Un anno, Amma venne nella hall alla vigilia di Capodanno. Dopo la preghiera, quando iniziò a distribuire il *prasad*, la gente si precipitò da lei e la circondò. Provai a farmi strada per riceverlo, ma non ci riuscii a causa della ressa. Cominciai a chiedermi:

"Come farmi strada tra tutte queste persone frenetiche. Se aspetto ancora un po', riuscirò a ricevere il *prasad*? E se invece diventa impossibile?". Poi, comparve un pensiero in controtendenza: tutto ciò che riceviamo qui non è forse un *prasad* di Amma? Quindi, devo armarmi di pazienza senza essere scontenta.

Di punto in bianco Amma si voltò e così fece la folla intorno a lei. Non so cosa accadde, ma il momento successivo trovai Amma di fronte a me che stava distribuendo il *prasad* con la mano destra. Stordita, dimenticai persino di allungare la mano. Con la sua mano sinistra, Amma prese la mia mano destra e vi mise un po' di *prasad*. Premette anche le mie dita sul *prasad* in modo che non cadesse a terra. Un attimo dopo si allontanò continuando a distribuire il *prasad* seguita dalla folla.

Frastornata, non riuscivo a credere a quello che era successo. Non mi ero mossa di un centimetro, ciò nonostante avevo ricevuto il *prasad* nelle mie mani. Com'era stato possibile? Quando mi ero sforzata di pensare che tutto era la volontà di Dio, il *prasad* di Amma era arrivato nelle mie mani! Non sempre riusciamo a pensare in questo modo, ma spesso torno a riflettere su questa esperienza.

L'insoddisfazione può essere pericolosa, come rivela la storia seguente. Un pescatore trovò una grande e bella perla che però aveva un graffio. L'uomo pensò che, se avesse rimosso l'imperfezione, sarebbe diventata la perla più bella del mondo. Iniziò a limare la superficie della perla per eliminare il graffio. Non riuscendoci, limò e limò energicamente finché tutta la perla non fu ridotta in polvere. Il graffio sulla perla scomparve, ma con esso anche la perla!

Non c'è nulla nella creazione che sia perfetto. Se il pescatore avesse tenuto quella perla inestimabile così com'era, non l'avrebbe persa. L'insoddisfazione e l'ambizione lo portarono invece a distruggere questo tesoro.

Una volta, quando andai a Udupi per un'ispezione scolastica, mi fecero un regalo. Quando tornai a casa, lo scartai. Era un bellissimo vaso d'argento! Non appena lo vidi decisi di darlo ad Amma, che in quel momento era all'estero. Al suo ritorno, andai con il dono al darshan. Quando fui vicina ad Amma, mi sentii un po' imbarazzata e così, invece di darle direttamente il vaso, cercai di spingerlo lentamente sotto la sua sedia senza che lei se ne accorgesse.

Improvvisamente, qualcuno me lo strappò dalle mani. Era Amma! Alzandolo con la mano sinistra, chiese: "Dove l'hai preso?"

Risposi: "Amma, me l'hanno donato quando sono andata a ispezionare una scuola di Udupi".

"Vuoi dire che hai accettato una tangente?", chiese.

Cercai di farle capire che non era affatto una tangente e le portai l'esempio dell'ashram che regala libri agli ospiti.

Come se non avesse sentito quello che avevo detto, Amma disse: "Così hai accettato una tangente". Sollevando il vaso, lo mostrò a tutti, dicendo: "I nostri figli sono stati riconosciuti dal CBSE (Central Board of Secondary Education) e sono stati invitati a ispezionare le scuole".

Poi mi disse: "Figlia, ogni volta che vai ad ispezionare una scuola non accettare alcun regalo. Se ti viene offerto, restituiscilo dicendo che l'hai accettato, ma lascialo in quella scuola".

Annuii. Mentre mi alzavo in piedi, dissi ad Amma che non avevo potuto informarla di questa mia ispezione perché lei non si trovava in India. Amma rispose che ne era al corrente perché aveva letto la mia lettera.

In che senso? Non le avevo dato nessuna lettera. Più tardi, dopo essere tornata a Kannur, compresi cosa intendeva. Poiché vivevo sola in quella scuola, come autodisciplina, scrivevo lettere ad Amma ogni volta che dovevo andare via. Avevo fatto così anche prima di partire per Udupi e come sempre avevo messo anche questa lettera in un'agenda. Le parole di Amma mi rivelarono che lei sa tutto ciò che faccio e penso. Questa esperienza mi ha incoraggiato a continuare a scriverle.

Da allora, ogni volta che compio ispezioni nelle scuole e mi offrono un regalo, mi comporto esattamente come Amma mi ha indicato. Le persone del posto che mi accolgono rimangono sorprese, ma io sono profondamente soddisfatta nel seguire le istruzioni di Amma.

Ogni nostro pensiero passa attraverso di lei. Essendone consapevoli, cerchiamo di sintonizzarci più profondamente con Amma. Questo dovrebbe essere il nostro sforzo costante. Se riusciamo a perseverare nei nostri sforzi, ogni momento della vita diventerà un'esperienza preziosa. Possa Amma benedirci tutti accordandoci un atteggiamento di accettazione e di abbandono.

6

Paura e Amore

Br. Satvamrita Chaitanya

Prima di incontrare Amma ero un rockettaro. Vestivo solo di nero: jeans neri, T-shirt nera. I capelli mi arrivavano a metà schiena. In prima superiore tutti nella mia scuola pensavano che fossi strano. Dopo aver incontrato Amma ritornai a scuola tutto vestito di bianco: *dhoti* bianco, T-shirt bianca e testa rasata. Tutti nella mia scuola pensarono che fossi strano. Ma a me non importava: ero innamorato. E quando si è innamorati, tutta la tua prospettiva cambia.

La storia della razza umana può essere vista come una lotta tra paura e amore, tra manipolare l'ambiente circostante o vivere in armonia con ciò che ci circonda.

La storia della razza umana è una storia di sopravvivenza, di un cammino dall'oscurità alla luce, da una prova all'altra, di impulsi biologici e questioni morali, fatta eccezione per coloro che sono stati abbastanza coraggiosi da averne colto il significato. È la storia del sacrifico di una madre e dell'avidità dei suoi figli, che distruggono un pianeta senza alcuna considerazione e compassione, finché il creato non ricorda loro che non sono soli e che questo bellissimo pianeta non è solo la loro casa.

Questa è la nostra storia. Abbiamo raggiunto un livello tecnologico impressionante, ma la natura ha dimostrato che, alla fine, sopravvivrà a noi. Noi siamo creature fragili, soggette a spezzarci alla minima variazione nell'equilibrio degli elementi. L'improvvisa presa di coscienza della nostra fragilità ha gettato il mondo nel panico. Amma ha detto: "Senza fede, siamo pieni di paura. La paura paralizza il corpo e la mente, ci blocca, mentre la fede apre i nostri cuori e ci conduce all'amore".

Invece di voler vivere in armonia con la natura, spesso scegliamo di sfruttarla a nostro vantaggio. L'unico momento in cui ci rivolgiamo a Dio è quando la paura ci attanaglia, quando ci rendiamo conto di non avere il controllo della situazione. Non appena le circostanze cambiano e la paura ci abbandona, torniamo immediatamente allo stile di vita che ha dato origine ai problemi.

In tutto il mondo, la pandemia di coronavirus ha reso le persone estremamente inquiete. Il COVID-19, tuttavia, è la nostra stessa storia, la storia della razza umana: narra il conflitto tra la paura e l'amore. Avendo portato la morte in primo piano, ha costretto il mondo a fermarsi e a chiedersi: "Che cos'è importante per noi? Quali sono i valori fondamentali? Perché siamo qui?".

Da anni Amma ci mette in guardia sui cambiamenti incombenti nella natura e ci mostra la strada da seguire. Ogni giorno, immancabilmente, Amma ci guida nella meditazione dei fiori bianchi per la pace dicendo: "Nel mondo d'oggi, la mente umana e la natura sono in uno stato di agitazione. Solo la grazia divina può aiutarci a portare la pace nei nostri cuori e sul nostro pianeta".

In quanto esseri umani, sembriamo avere l'impulso innato a dominare la natura e gli altri ma non noi stessi. La spiritualità ci insegna invece che "isha vasyam idam sarvam", che tutto è Dio. L'unico modo per andare avanti in un mondo stretto nella morsa della paura e dominato dall'ego è mantenere questa consapevolezza. Per comprendere cosa significhi vivere in tal modo, dobbiamo semplicemente osservare come Amma agisce in questo mondo, in armonia con l'apparente caos che la circonda.

Quando entra in una stanza, non lo fa con l'intenzione di vendere qualcosa. Quando politici, imprenditori, leader religiosi o anche umanitari e attivisti entrano in una stanza, vogliono tutti vendere qualcosa, hanno tutti bisogno del nostro sostegno. Amma invece non vuole nulla da noi. Tutto quello che vuole è elevarci. E per farlo non ha bisogno di niente, neppure di dire o fare qualcosa. Non deve far altro che entrare nella stanza. Elevando il livello della nostra coscienza, diventiamo consapevoli delle nostre motivazioni egoistiche e a quel livello l'amore vince sempre. La paura non ha posto dove l'amore ha preso il sopravvento.

Lo si può vedere perfino quando Amma si reca in un luogo dove nessuno la conosce. Un aeroporto, per esempio. Può essere accompagnata da *swami* e *swamini*, *brahmachari* e *brahmacharini*, devoti e bambini, tutti con grandi sorrisi e ben in vista con le loro vesti colorate; tutti orgogliosi di camminare con Amma. Ma chiunque stia guardando, percepisce dov'è il cuore dell'azione. Anche se non ha mai sentito parlare di Amma o non l'ha mai vista prima, lo sa: è quella piccola di statura, senza ostentazione, che indossa semplici vesti bianche. Non sa chi e cosa sia, ma le persone lo sanno: è lei. E come esprimono questa sensazione? Portando le mani al cuore, ridendo o piangendo quando la vedono. Perché? Anche se la loro mente non lo sa, il loro cuore lo sa. Perché è l'amore. Amma vibra di quell'amore divino e la gente non può fare a meno di rispondere. Come i petali bianchi della pace che scendono dal cielo, lei avvolge tutto quanto la circonda nello spazio sicuro e pieno di beatitudine in cui dimora, in quel luogo dove tutti ci sentiamo a casa.

Chi incontra quell'amore, lo riceve a modo proprio. Ognuno ha un suo filtro per l'amore. Amma è come la filosofia *Advaita* (non-duale). Per lei esiste solo l'Uno, ma la gente la vede in molti modi in base alla propria immaginazione. Tuttavia, è un'esperienza sempre edificante poiché viene dato e ricevuto amore. L'amore può solo elevare, anche quando viene frainteso.

L'ho sperimentato personalmente. Ascoltai per la prima volta un *satsang* di Amma a quindici anni. Amma disse qualcosa che mi accompagna da decenni. L'unico problema fu che, inizialmente, fraintesi completamente il punto. Amma disse qualcosa come: "Solo gli esseri umani sono in grado di discriminare. I cani non discriminano". Ciò che Amma intendeva era che solo gli esseri umani hanno la facoltà di discernere tra ciò che è giusto e ciò che è sbagliato, tra il reale e l'irreale, e che possono usare questa facoltà per camminare spediti sul sentiero che porta alla realizzazione di Dio.

Tuttavia, da quindicenne americano nato da un padre di colore e da una madre bianca e quindi appartenente a una minoranza negli Stati Uniti, potevo solo pensare a una forma di discriminazione negativa: discriminare qualcuno in base alla razza, alla religione o alla posizione sociale. Così pensai che questo insegnamento fosse molto profondo. Un cane non discrimina. Non importa come agisce il suo padrone, se lo picchia o lo coccola, se lo nutre oppure no, o se semplicemente lo ignora; il cane corre sempre incontro al padrone con amore. Pensai che i cani fossero fantastici e gli esseri umani stupidi. Ero stato conquistato! Amma era una leader dei diritti civili! Sì, Amma è una leader dei diritti civili, ma non avevo colto il punto.

Persino il cane del mio esempio aveva scelto l'amore invece della paura. E noi?

Una volta feci una domanda ad Amma tanto per conversare un po' con lei. Molti di voi sanno che, a meno di essere pronti a tutto, questa non è probabilmente l'idea migliore. A peggiorare la situazione, avevo pensato quale domanda Amma avrebbe voluto che facessi per includermi nel libro dei buoni, come se potessimo finire nel libro dei cattivi di qualcuno che ha dedicato la propria vita a servire tutti. Per dare un contesto alla mia domanda, condividerò con voi qualche altra informazione.

Mi trasferii dall'ashram di Amma di San Ramon ad Amritapuri nel 1994. Avevo supplicato Amma per anni affinché mi desse il permesso, ma lei aveva sempre risposto: "Non ancora. Prima finisci la scuola". Ma alla fine, nell'estate del '94, disse: "Va bene, prova". A quel tempo non sapevo abbastanza per comprendere che questo significava: "Va bene, ma ti ho avvertito!". Non andò proprio come avevo previsto.

Provenendo dall'ashram di San Ramon, dove ero un pesce grosso in un piccolo stagno, non ero pronto a essere un minuscolo girino nell'oceano di Amritapuri. Avevo pianificato tutto il mio futuro: in poche settimane sarei diventato il suonatore di armonium di Amma. E per il resto del tempo avrei meditato come un santo. Amma mi avrebbe prestato molta attenzione e decantato pubblicamente le mie lodi perché ero il suo preferito. Le cose non andarono proprio in questo modo. Il mio piano non era il piano del Maestro.

Molti di noi vengono a vivere nell'ashram e dimenticano chi è il Guru. Potremmo voler cambiare le cose in base alle nostre preferenze e avversioni. Potremmo cercare di introdurre le nostre idee di spiritualità o cosa debbano o non debbano fare i devoti. Potremmo voler mettere in pratica le nostre idee commerciali o influenzare Amma sulle nostre cause umanitarie. Oppure cercare di introdurre la nostra logica mondana nelle questioni spirituali. Per quanto possiamo lottare, ci può essere un solo Guru.

Dopo un anno in cui non ero stato capace di seguire il cammino che Amma aveva preparato per me ad Amritapuri, me ne andai. Chiusi la mia capanna nel cuore della notte e presi un volo per l'America. Come Amma avrebbe detto più tardi, ero andato ad Amritapuri per crescere spiritualmente, ma non avevo fatto altro che trovare difetti in tutto. Tornai di corsa a San Ramon e diedi la colpa della mia partenza all'ashram quando, in verità, non ero pronto a sopportare i colpi inflitti al mio ego, che mi stavano facendo sprofondare nella paura e nell'agitazione mentale. In realtà, non tornai subito all'ashram di San Ramon, ma andai prima a casa di mia madre per un mese. Subito dopo sarebbe iniziato il tour americano. Quell'anno, il ritiro di Seattle si tenne su un'isola a due ore dalla città. Decisi di saltare il ritiro e di aspettare che Amma venisse a Seattle per il programma per affrontare le conseguenze. Quando durante il ritiro mia madre andò al darshan, Amma iniziò a parlare di me, dicendo che si sentiva molto triste nel vedere qualcuno che, non avendo idea di cosa fosse la spiritualità non si rendeva conto di cosa stesse accadendo. Mia madre prese le mie difese. Rispose che non era d'accordo e che io continuavo a meditare e a cantare i *bhajan*. Dondolando il capo, Amma disse: "Se continua a meditare, allora ha bisogno di un Guru, e se ne vuole uno, è meglio che venga qui subito!".

Così andai al ritiro. Arrivato nella sala, Amma mi colmò d'amore e nella sua luce vidi i miei errori. Mi resi conto della confusione che avevo lasciato entrare nella mia vita di fronte alla paura dell'ignoto.

Dopo il tour, andai a vivere nell'ashram di San Ramon, intenzionato ad agire in base ai tempi di Amma. Amma mi disse di trovare un lavoro esterno, di svolgere *seva* nell'ashram e di terminare la scuola. Ed è quello che feci.

Ritorno ora alla domanda che volevo porre ad Amma. La domanda che mi venne in mente fu: "Come posso sviluppare *vairagya* (distacco)?". Guardandomi un po' severamente, Amma rispose: "Sai che non ti ho chiesto di trovare un lavoro affinché diventassi così. Volevo che divenissi forte lungo il cammino. Ma guardati, guarda cosa sei diventato!".

In quel momento non riuscii a capire che, in effetti, Amma aveva risposto alla mia domanda. In pratica aveva detto: "Figlio, guarda come ti stai impantanando nella vita mondana. So però che se continui a lavorare duramente, ti sarà chiara qual è la natura del mondo e, alla fine, acquisirai *vairagya*. Forse dovresti impegnarti un po' di più". Se me lo avesse detto con una voce dolce, lo avrei capito ma non avrei cercato di cambiare. Così me lo disse in un modo da produrre un impatto duraturo. Amma mi stava dando la forza per compiere i passi successivi.

Lentamente mi stava spingendo a mia insaputa lungo il cammino che aveva tracciato per me. Inizialmente mi disse di partecipare a tutti i tour negli Stati Uniti e poi di recarmi in India per un paio di mesi ogni anno. In seguito, di trascorrere sei mesi all'anno con lei. Sebbene mi avvicinassi a stare con Amma a tempo pieno, per sedici anni continuai ad avere l'impressione di essere esiliato a San Ramon: un esilio interrotto da qualche momento di pace. Più tempo trascorrevo con Amma, più diventava difficile vivere lontano da lei. Mi sentivo impotente e depresso.

Un mattino, al termine di un lungo turno di notte, tornai all'ashram di San Ramon, troppo stanco per scendere persino dall'auto. Mi addormentai in macchina. Squillò il telefono. Era una chiamata internazionale. Risposi esitante, chiedendomi che cosa fosse successo. Era Radhika-*ceci*[6]. Disse che la mole di lavoro nella Western Canteen era tale che Amma voleva che andassi a vivere nell'ashram e mi occupassi della cucina occidentale. Ero senza parole. Pensando di aver detto qualcosa di sbagliato, Radhika-*ceci* aggiunse: "Se vuoi, puoi prenderti del tempo per pensarci". Risposi: "Non ce n'è bisogno. Portami a casa! Voglio tornare a casa!".

Quando questa volta arrivai ad Amritapuri, la mia mente non era agitata né cercava difetti. Non avevo paura perché mi muovevo

---

[6] La responsabile dell'Ufficio Internazionale all'ashram di Amritapuri.

nel tempo di Amma, nel suo flusso. Il segreto, però, è che il tempo di Amma è in realtà il nostro tempo; non il tempo che vogliamo, ma il tempo che Amma sa che ci occorre per realizzarci.

Amma ci dà tantissime opportunità per entrare in sintonia con il luogo in cui dimora. La meditazione dei fiori bianchi della pace e la meditazione Ma-Om create da lei sono antidoti ai mali dell'egoismo, della paura e dell'intolleranza. Entrambe queste tecniche di meditazione sono il dono di una madre ai propri figli, di Dio al mondo. E Dio, conoscendo la nostra disperazione, è venuto sotto forma di una madre per mostrarci la strada. Chi meglio di una madre può restituirci l'innocenza infantile che ci permette di accettare chiunque ci circondi? Chi meglio di una madre può dirci che siamo più grandi dei nostri istinti biologici ed egoistici e che possiamo ancora vivere in armonia con la natura? Chi meglio di una madre può essere quella bussola morale che ci indica la strada quando ci siamo smarriti? Chi meglio di una madre può prenderci per mano e portarci verso la luce?

Amma ci ha mostrato la strada da seguire in un mondo devastato dalla paura dell'ignoto, del COVID-19, e di orrori ancora da vedere. Questa strada è l'amore. Dobbiamo solo avere il coraggio di percorrerla. Una volta fatto, una volta che abbiamo scelto l'amore, una volta che abbiamo scelto Amma, vedremo che nel flusso di Amma, in sintonia con le sue vibrazioni, tutti gli ostacoli svaniscono.

7

La meraviglia delle meraviglie

Bri. Shantipurnamrita Chaitanya

Sentii parlare di Amma molto prima d'incontrarla, ma dovetti aspettare a lungo per il mio primo darshan.

Nel 1993, venni a sapere che Amma avrebbe fatto visita a Kozhikode. Poiché l'ashram di Kozhikode si trova solo a poche miglia da dove abitavo, decisi di andare a vederla. Il mio piano segreto non era solo quello di vedere Amma, ma anche di andare a vivere nell'ashram. Impacchettai le mie cose senza che la mia famiglia se ne accorgesse. Pensai che, se Amma fosse stata d'accordo, sarei partita immediatamente per l'ashram. Sfortunatamente, non riuscii a chiederle nulla durante il mio darshan, però lei mi sussurrò all'orecchio: "Figlia mia, Amma comprende la tua inquietudine. Non preoccuparti, Amma è con te".

Dovetti aspettare altri due anni per fare nuovamente questa mia richiesta ad Amma. Tutti i membri della mia famiglia si opposero al mio desiderio di entrare a far parte dell'ashram e ostacolarono ogni mio tentativo. Quando adesso ripenso alla serie di eventi che mi portarono a vivere nell'ashram, mi emoziono. Non è incredibile come Amma possa cambiare il corso della nostra vita in meglio? Ogni momento che trascorriamo con lei è meraviglioso.

Il Signore Krishna dice:

ashcaryavatpashyati kashcidenam ashcaryavadvadati canyah
ashcaryavaccainamanyah shrrnoti shrutvapyenam veda na
caiva kashcit

"Alcuni vedono il Sé come una meraviglia, altri ne
parlano come di una meraviglia e altri ancora ne
sentono parlare come di una meraviglia. Ve ne sono
alcuni che, pur sentendo parlare del Sé, non riescono
assolutamente a comprenderlo". (*Bhagavad Gita*, 2.29)

Allo stesso modo, la *Kathopanishad* dichiara:

shravanayapi bahubhiryo na labhyah shrnvanto'pi bahavo
yam na vidyuh
ashcaryo vakta kushalo'sya labdha ashcaryo jnata
kushalanushishtah

"Molti non hanno neppure la possibilità di sentirne parlare,
molti non sono in grado di intendere pur udendone parlare:
straordinario è il maestro, straordinario colui che, istruito
da un maestro capace, acquisisce tale conoscenza". (1.2.7)

Le opportunità di sentire parlare del Sé sono rare e nel caso
accadesse, le possibilità di comprendere ciò che si ascolta sono
scarse. Si dice che solo una manciata di persone su milioni
riesca a comprendere correttamente. Le Scritture lo descrivono
come qualcosa di prodigioso perché tutto ciò che non può essere
percepito dai cinque organi di senso suscita meraviglia.

Bisognerebbe avere occhi capaci di accorgersi della bellezza.
Chi ama rimirare lo spettacolo offerto dalle foreste, dall'alba o dal
tramonto, intuisce la gloria del Creatore. Ammirare tali spettacoli
può trasportare la persona in uno stato di estasi.

Le Scritture dicono che il Sé è *"anor aniyan mahato mahiyan"*,
"più piccolo del più piccolo, più grande del più grande". I cinque

organi di senso possono percepire solo gli oggetti (esterni) e non colui che percepisce. Per comprendere colui che percepisce, dobbiamo volgerci all'interno e affinare la mente. Così come vediamo con chiarezza un riflesso in uno specchio pulito, una mente limpida può percepire il Sé. Naturalmente è necessaria la grazia del Guru per avere questa visione interiore.

Un insegnante chiese ai suoi studenti di scrivere quali fossero le sette meraviglie del mondo. Gli studenti nominarono il Taj Mahal, il canale di Panama, la Grande Muraglia cinese e così via. Uno studente continuò a scrivere anche dopo molto tempo. Stupito, l'insegnante gli si avvicinò per vedere cosa stesse scrivendo. L'elenco del ragazzo era completamente diverso. Il giovane aveva scritto: ascoltare, parlare, camminare… Quando l'insegnante gli chiese perché le considerasse meraviglie, lui rispose che aveva un fratello sordomuto. A queste parole, gli occhi dell'insegnante si riempirono di lacrime.

Le cose che destano meraviglia sono davvero innumerevoli. Parecchie cose che noi diamo per scontate sono invece prodigiose per altri. Per lo zoppo, camminare è un prodigio. Per chi è muto, parlare è un prodigio. Per chi è ammalato, la salute è qualcosa di meraviglioso. Amma ci ricorda ripetutamente che anche il prossimo respiro non è nelle nostre mani: è nelle mani di Dio. Così, anche un atto semplice come respirare è un prodigio. Siamo in grado di operare solo per grazia di Dio.

Alcuni sostengono che, con il suo potere, Amma può far scalare una montagna ad uno zoppo. Ciò che questo significa veramente è che Amma risveglia la fiducia nel proprio Sé. Potrebbe essere possibile trattare la zoppia chirurgicamente, ma solo i *Mahatma* (anime spiritualmente illuminate) come Amma possono infondere in chi ha deficit fisici la fiducia di poter scalare una montagna. Solo loro possono cambiare le tendenze innate della nostra mente.

Prima di far parte dell'ashram, avevo una carissima amica che si suicidò gettandosi in un lago profondo. Un giorno, la sognai. Era un sogno molto vivido. Dopo essermi apparsa, si sedette vicino a me e disse che si sentiva abbattuta nel suo nuovo mondo avendo avuto una morte innaturale. Mi chiese di raggiungerla buttandomi nello stesso lago. Ero inorridita! Dissi: "Sai che sto andando da Amma. Non posso unirmi a te", ma lei insistette. Per liberarmi dalle sue grinfie, le dissi di andarsene aggiungendo che l'avrei raggiunta quando sarei morta. Lei però mi scosse violentemente e continuò a ripetere: "Vieni con me!". Quando capii che non mi avrebbe lasciata senza portarmi con sé, mi spaventai. Mi vennero in mente le parole di Amma: "Figlia, non preoccuparti, Amma è con te". Raccogliendo tutte le mie forze e visualizzando Amma, urlai "Amma!". La mia amica mi tolse le mani di dosso. Quando urlai "Amma" una seconda volta, lei mi chiese: "Così non verrai con me?". Quando urlai di nuovo "Amma", si allontanò da me e svanì nel nulla. Mi svegliai e vidi i miei familiari intorno a me. Mi resi così conto di avere gridato a squarciagola.

Si potrebbe pensare che tutto ciò sia stato frutto della mia fervida immaginazione, ma per me fu una vivida esperienza anche se non riesco a spiegarla con la logica. Sono certa che, se Amma non mi avesse salvato allora, sarei uscita di casa e avrei seguito la mia amica nel lago perché eravamo molto legate. Ancora adesso, quando ricordo questo episodio, sono esterrefatta. Non avevo mai detto ad Amma del suicidio della mia amica e non le ero fisicamente vicina in quel periodo. Pronunciare semplicemente il grande mantra "Amma" per tre volte mi salvò dalle fauci della morte. Chi altri se non Amma può compiere simili prodigi?

Avete visto Amma durante l'*arati* o al termine del Devi Bhava? Con un sorriso incantevole, gli occhi di Amma avvolgono tutti. Non è straordinario quello sguardo? Ogni persona sente che

Amma la sta guardando, persino chi siede in fondo alla sala. Solo Amma può guardare in quel modo.

Nel *Bhagavata* si narra di come il saggio Narada desiderasse mettere alla prova il Signore Krishna. Quando si recò nelle stanze private di ognuna delle 16.008 mogli del Signore, in ognuna vide il Signore in carne ed ossa. Lo vide anche dar da mangiare alle mucche, giocare con i bambini, chiacchierare con gli abitanti del villaggio... tutto allo stesso tempo. Alla vista di questo spettacolo, Narada si convinse della natura onnipervasiva e onnipotente del Signore.

Un giorno Amma stava dando il darshan nell'ashram di San Ramon quando un devoto arrivò con un pappagallo. Amma prese in mano l'uccellino che garriva. Ascoltandone il garrito, disse al devoto che il pappagallo desiderava una compagna. Poco dopo, un altro devoto che non sapeva nulla di quanto avesse detto Amma, portò un pappagallo femmina. Entrambi gli uccelli si diressero verso il tetto e poi volarono felici attraverso la sala garrendo dolcemente. Che meraviglia! Amma è davvero la madre di tutti gli esseri ed è per questo che riuscì a capire questi uccellini.

Non abbiamo forse sentito raccontare le storie sul Signore Krishna che apparve dinanzi a Kururamma (1570-1640), un'anziana e ardente devota di Guruvayurappa (una forma del Signore), e sbrigò tutte le sue faccende domestiche? Sono tutte mere favole?

Una *swamini* ha condiviso la meravigliosa esperienza di sua madre. La donna soffriva di asma da molto tempo e ogni volta che aveva un attacco asmatico, la figlia provvedeva ad ogni suo bisogno. Un giorno, dopo che la figlia era andata a vivere nell'ashram, l'asma peggiorò e la donna ebbe disperatamente bisogno d'aiuto. Tuttavia non aveva nessuno, neanche qualcuno che le potesse portare un bicchiere d'acqua.

Fu allora che l'amica di università della figlia entrò nella sua casa, le chiese come stesse e se avesse mangiato. La donna non aveva mangiato nulla. Prendendo in mano la situazione, la ragazza andò in cucina, ritornò con dell'acqua da bere per la madre e poi si mise a preparare alcune *dosa* (crespelle indiane). Dopo averle dato da mangiare, pulì tutta la casa. Prima di andarsene, la giovane disse alla donna: "C'è tantissima paglia sparsa nel cortile. Verrò a raccoglierla un altro giorno". La donna le fu molto grata per il suo aiuto provvidenziale e ringraziò Amma per avergliela mandata.

Dopo qualche mese la donna si recò ad Amritapuri e lì vide la ragazza che l'aveva aiutata quando era ammalata. Le si avvicinò e le disse: "Figlia, mi hai aiutato tantissimo in quei giorni, ma da allora non ti ho più vista".

Perplessa, la giovane le chiese: "Quando l'avrei aiutata?".

La donna rispose: "Te ne sei dimenticata? Ricordi che sei venuta a casa mia, hai preparato le *dosa* per me e pulito la casa? Mi hai anche detto che saresti tornata un altro giorno per sistemare la paglia in cortile".

La ragazza disse: "Non sono mai venuta a casa sua. Innanzitutto non so come arrivarci e poi i miei genitori non mi permetterebbero mai di andare da sola a casa di amici. Come avrei potuto fare tutte quelle cose?".

La donna capì che Amma stessa era venuta sotto le spoglie dell'amica della figlia. Ricordando tutto il lavoro che Amma aveva fatto per lei, la donna se ne rammaricò e i suoi occhi si riempirono di lacrime. Amma dice di essere una serva dei servi di Dio e questo fatto lo dimostra.

Molti si chiedono come sarebbe stata la loro vita senza Amma. Lasciate che condivida una delle mie esperienze. Qualche anno fa ebbi un problema all'occhio. Andai dall'oculista, che mi disse che l'occhio era stato colpito dal virus della varicella e che avrei perso completamente la vista perché non esisteva nessuna medicina efficace. Ero sconvolta. Mentalmente, pregai Amma: "Amma!

Come posso vivere senza la vista? Come potrò vederti? Come potrò andare avanti?".

In quel periodo Amma era all'estero e la sua assenza fisica mi gettò ancora di più nello sconforto. A quel tempo, inviarle un messaggio non era facile, ma qualcuno riuscì ad informarla e lei rispose immediatamente. Mi disse di andare all'ospedale oculistico Aravind di Madurai, nel Tamil Nadu. Non appena partii per andare a Madurai, Amma chiamò l'ashram per sapere se fossi già in viaggio. L'oftalmologo dell'ospedale mi prescrisse dei farmaci che dovetti prendere per due mesi e alla fine la malattia scomparve completamente. Il giorno della mia dimissione, il medico curante disse: "Non avrei mai pensato che potesse riacquistare la vista. Solo la grazia di Dio l'ha portata qui al momento giusto e solo per grazia divina il trattamento ha avuto successo".

Quando Amma tornò all'ashram, mi chiamò e mi chiese degli occhi e del trattamento. Sono convinta che sia stato solo in virtù della sua grazia che ho riacquistato la vista e posso così continuare a vederla ed essere testimone del suo gioco divino. Quanto siamo in debito con Amma!

Se riflettiamo su tutto quanto accade con Amma e intorno a lei, saremo sempre più certi che lei non è semplicemente una donna alta un metro e mezzo. Amma è onnipresente e imperscrutabile. È la meraviglia delle meraviglie.

8

Grazia salvifica

Br. Prabuddhamrita Chaitanya

Alcuni termini delle Scritture sono come la punta di un iceberg: il loro significato è molto più ricco di quanto possa apparire in un primo momento. Ad esempio, prendiamo "*kamatkrodho'bhijayate*", "dal desiderio nasce la collera" (*Bhagavad Gita*, 2.62). Per comprenderne tutte le implicazioni dobbiamo analizzare il verso completo:

> *dhyayato vishayanpumsah sangasteshupajayate*
> *sangatsanjayate kamah kamatkrodho'bhijayate*

Quando la mente si sofferma a pensare a un oggetto, sviluppa attaccamento per esso. Da questo attaccamento nasce il desiderio e dal desiderio la collera...

Il verso seguente completa il concetto.

> *krodhadbhavati sammohah sammohatsmrtivibhramah*
> *smrti-bhramshad buddhinasho buddhinashatpranashyati*

Dalla collera origina lo smarrimento della mente che provoca la confusione nella memoria; la confusione nella memoria porta a un deterioramento dell'intelletto che conduce alla rovina dell'individuo. (2.63)

Questi versi, che racchiudono molti principi psicologici, sono ricchi di significato e rilevanti per chiunque. Qui, il Signore Krishna spiega in modo graduale come un pensiero sensuale, apparentemente insignificante, possa condurre al disastro totale. Anche se un ricercatore spirituale pensa di aver ottenuto il controllo dei propri sensi, finché non ha raggiunto la liberazione spirituale corre sempre il rischio di una caduta. Amma ha persino detto che un ricercatore può cadere anche appena prima di realizzare Dio.

Un giorno un devoto chiese ad Amma: "Come mai alcuni ricercatori cadono preda delle *vasana* (tendenze latenti) persino dopo essere entrati a far parte dell'ashram?".

Amma rispose: "Il compito del Guru è far emergere e mostrare le debolezze del discepolo in modo che questi ne divenga consapevole e si sforzi di superarle. Il Guru crea le circostanze che smuovono le impurità dormienti affinché il discepolo ne sia consapevole e si sforzi di rimuoverle".

Amma parla di un tipo di serpente tipico dell'Himalaya che vive nella neve ghiacciata. Sembra innocuo, ma questa non è la sua vera natura perché non appena l'inverno finisce e la temperatura aumenta, mostra la sua vera natura. Allo stesso modo, alcune circostanze possono far affiorare la nostra vera natura.

Lasciate che vi racconti un fatto che mi fa ancora vergognare. Quasi trent'anni fa, durante il mio primo darshan da quando ero entrato a far parte dell'ashram, chiesi ad Amma se mi avrebbe dato il *sannyasa*. Sorridendomi, mi chiese: "Cosa pensi che voglia dire *sannyasa*?".

Senza il minimo dubbio dissi: "Un *sannyasi* è colui che indossa vesti coloro ocra, cammina recitando mantra e indossa *mala* e braccialetti di *rudraksha*". Questo era il mio livello di comprensione!

A queste parole, Amma scoppiò in una risata e disse: "Figlio, questo non è il *sannyasa*! Non ha niente a che vedere con l'abito che porti. Se vuoi diventare un *sannyasi*, per prima cosa brucia le impurità della tua mente finché non diventa color ocra. Solo allora diventi un *sannyasi*".

Due settimane dopo sviluppai un'avversione per il cibo dell'ashram, soprattutto per i curry. Per quanto mi riguardava, non c'era alcuna relazione tra il nome curry e il suo sapore! Ciò che non riuscivo a sopportare era il *sambar*. Quando mi divenne ripugnante, cominciai a prendere in considerazione l'idea di lasciare l'ashram. Io, che avevo espresso il desiderio di diventare un *sannyasi* solo qualche settimana prima, adesso ero pronto ad abbandonare la vita spirituale solo perché non riuscivo a mandar giù il *sambar*!

Però pensai: "Lasciare l'ashram senza informare Amma è da ingrati!" La mia mente era molto turbata. Decisi infine di parlare ad Amma. Quando mi recai al darshan, mi disse ripetutamente: "Dimmi, figlio. Dimmi".

Mi aprii a lei. Le dissi che pensavo di lasciare l'ashram. Amma mi chiese perché. Con grande vergogna, risposi che non riuscivo a tollerare i curry che venivano serviti, soprattutto il *sambar*. Scoppiando in una fragorosa risata, Amma mi chiese se fossi venuto all'ashram per bere il *sambar*. Non riuscii a dire una parola e chinai il capo per la vergogna. Poi, indicando alla sua destra, Amma disse: "Figlio, siediti qui".

Mi sedetti al suo fianco. Dopo un quarto d'ora, quel pensiero che mi aveva così disturbato scomparve completamente dalla mia mente e non mi assillò mai più. Compresi che la semplice presenza di un *Mahatma* (un'anima spiritualmente illuminata) ha un potere purificante.

Le Scritture avvertono chiaramente dei pericoli dei piaceri dei sensi e della necessità di sottomettere la mente, ma solo un

Guru è in grado di conoscere lo stato spirituale di un ricercatore e di guidarlo opportunamente. Così, anche se si possiede una notevole conoscenza delle Scritture, è comunque necessaria la guida di un Guru. Solo lui può correggere le mancanze in un ricercatore e condurlo alla realizzazione del Sé. Senza la grazia del Guru, il discepolo è destinato a fallire.

Lasciate che vi racconti una delle mie esperienze. Anni fa avevo una forte passione per una straniera magra, bianca. Si chiamava Marlboro... ebbene sì, si trattava di una sigaretta! Ero un fumatore incallito e alla fine sviluppai un tumore alla bocca. Seguii una terapia per lungo tempo fino a giungere ad una fase critica nella quale compresi che avrei dovuto scegliere tra le sigarette e la vita. Quando capii che non sarei riuscito ad abbandonare quell'abitudine, spinto da un amico, decisi di andare da Amma.

Andai al tempio Brahmasthanam di Kodungallur con quattro stecche di sigarette, una scatola di fiammiferi, un cuscino gonfiabile, cinque federe e un paio di lenzuola. Quando vi arrivai, il mio amico mi fece iscrivere alla *Lalita Sahasranama archana* (recitazione dei 1.000 nomi della Madre Divina). I devoti alloggiavano nella scuola di Amma (Amrita Vidyalayam) di Kodungallur. Mi diedero una stuoia su cui dormire. Come cuscino usai inizialmente le stecche di sigarette che nascondevo coprendole con il mio asciugamano. Tenni qualche pacchetto di sigarette con me per poter fumare nella pausa tra un'*archana* e l'altra. La recitazione era iniziata all'alba e sarebbe proseguita fino al tramonto. Ero fermamente convinto che persino Dio non sarebbe riuscito a controllare il mio impulso di fumare. Così, mentre tutti recitavano "*Om parashaktyai namah*" (Saluto la Dea onnipotente") dopo ogni mantra del *Lalita Sahasranama*, io recitavo un mantra molto diverso: "Signore, almeno nella mia prossima nascita, Ti prego, fai in modo che non abbia il vizio del fumo!".

Il mattino dell'ultimo giorno dei programmi avevo finito tutte le mie sigarette e così, al termine della prima *archana*, mi recai nella vicina teieria per acquistarle. Poiché non riuscivo a trovare la marca che desideravo, dovetti per forza sceglierne un'altra. Comprai tutti i dieci pacchetti disponibili. Il negoziante mi diede anche una scatola di fiammiferi. Cercai di accendere una sigaretta, ma qualcuno dietro di me soffiò con forza sulla fiamma. Quando mi girai non c'era nessuno. Mi girai da un'altra parte cercando di accenderla nuovamente e accadde la stessa cosa. Continuai nel mio tentativo fino all'ultimo fiammifero della scatola. Qualche forza invisibile stava spegnendo la fiamma! Tutto questo mi rese però ancora più determinato. Andai verso il fornello usato per preparare il tè e mi dissi: "Se qualcuno è capace di spegnere questo, ci provi!".

Improvvisamente sentii una voce interiore, la voce di Amma, che mi ordinava severamente di buttar via le sigarette. Buttai tutti i dieci pacchetti compresa la sigaretta che avevo tra le labbra, pagai il dovuto e mi incamminai verso il tempio Brahmasthanam.

Più tardi quella notte, mi unii alla coda per il darshan. Quando fui davanti ad Amma, non dissi nulla. Anche lei non mi disse nulla, ma percepii il potere del suo sguardo penetrante mentre si posava sul mio corpo. Dopo il darshan, ritornai alla scuola e mi sdraiai. La mia malattia mi costringeva a cambiare spesso le federe durante la notte. Anche quella notte, toccai, semiaddormentato, il cuscino. Con mia grande sorpresa non sentii l'umido del pus, del sangue e della saliva che di solito colavano dalla bocca. Sorpreso, andai in bagno e davanti allo specchio aprii la bocca e vi guardai dentro. Le guance interne erano tornate carnose com'erano prima che mi venisse il cancro. Non potevo crederci! All'inizio pensai che Amma avesse fatto qualche magia nera per creare tale illusione, ma presto compresi che mi aveva guarito esclusivamente con il suo *sankalpa* (intenzione divina).

Tuttavia, per tantissimo tempo, persino dopo essere entrato a far parte dell'ashram, non riuscivo a scrollarmi di dosso il senso di incredulità per quanto accaduto. In quel periodo, Amma stava per partire per il suo tour nell'India del Nord. Era la seconda volta che faceva questo tour da quando ero arrivato all'ashram e mi aspettavo che il mio nome fosse nella lista dei *brahmachari* che l'avrebbero accompagnata. Ma non fu così. Sebbene deluso, mi consolai pensando che avrei avuto l'opportunità l'anno successivo, ma continuai ad essere escluso anche negli anni seguenti.

Anno dopo anno, la delusione divenne sempre più forte, ma non la mostrai mai ad Amma. Dopo quattro anni, quando vidi che il mio nome non rientrava ancora nella lista, mentre vi era quello di un *brahmachari* appena arrivato, non nutrivo più alcuna illusione. Sentivo che probabilmente dipendeva dal fatto che Amma non avesse fede in me e non voleva che persone come me l'accompagnassero.

Da un lato, amavo Amma, ma dall'altro mi sentivo frustrato e triste. A poco a poco, la frustrazione si trasformò in disprezzo per la vita dell'ashram. Ma l'amore che avevo per lei mi impediva perfino d'immaginare di andarmene. Alla fine, decisi di mettere alla prova Amma. Pensai che se lei fosse veramente Parashakti (la Dea onnipotente), avrebbe saputo cosa avessi in mente. Decisi che, il giorno in cui Amma sarebbe partita per il tour, avrei recitato ininterrottamente un mantra dalle sei del mattino alle cinque del pomeriggio, non avrei mangiato nulla e avrei bevuto solo acqua. Volevo che Amma mi dicesse quale mantra stessi recitando prima che partisse per il tour. Se lo avesse fatto, non l'avrei mai più messa in dubbio né lasciata. Se tuttavia non avesse superato la prova, me ne sarei andato dall'ashram subito dopo la sua partenza.

Cominciai a recitare il mantra alle sei del mattino del giorno della partenza di Amma senza muovere le labbra né produrre alcun suono. Bevvi un po' d'acqua nel pomeriggio e continuai la mia recitazione fino a sera. Il mantra che avevo ideato e che Amma avrebbe dovuto dirmi era: "Anche se il tuo nome non è nell'elenco dei *brahmachari* che accompagnano Amma nel tour dell'India del nord, dovresti venire al programma di Amma a Kodungallur".

Al termine della recitazione, mi recai ai *bhajan* serali, cenai e poi tornai nella mia capanna. Il mio compagno di stanza mi chiese di svegliarlo alle undici di sera e poi si coricò. Io mi sedetti fuori, sulla veranda. La notte era illuminata dal chiaro di luna e c'era un silenzio di tomba. All'improvviso arrivò un *brahmachari* che mi chiese affettuosamente: "Fratello, non vai in tour, giusto?"

Nascondendo il mio dispiacere, risposi: "Potrò andare l'anno prossimo". Mi disse che sarebbe andato vicino alla macchina con le valigie di Swamiji poco prima della partenza di Amma e che mi avrebbe fatto sapere quando lei sarebbe veramente partita. Aggiunse anche: "Riceverai un darshan di Amma senza la solita folla. Quindi, sii felice".

Restai seduto lì, in collera con tutto l'universo. Verso le undici arrivarono gli autobus del tour. I residenti dell'ashram che partecipavano al tour salirono sui pullman che si misero in moto dopo circa mezz'ora. L'auto di Amma era parcheggiata vicino a dove adesso si trova il palco principale. Il *brahmachari* che mi aveva promesso di dirmi l'orario di partenza di Amma mi informò che sarebbe partita entro cinque minuti. Mi mostrò anche dove avrei potuto aspettare e avere il darshan.

Quando se ne andò, mi nascosi dietro alcune piante e alberi vicino a dove ora c'è la mensa indiana. Amma non mi avrebbe mai trovato lì e non volevo nemmeno che mi vedesse. Poi la vidi incamminarsi verso l'auto con alcune persone. Quando la vidi, mi prostrai con reverenza e mentalmente la salutai. Il mio cuore batteva così forte che potevo sentirlo. Amma aprì la portiera ed entrò con una gamba. Io stavo sbirciando tra le foglie. Vidi Amma rimanere in quella posizione per un po' e poi, improvvisamente, ritrasse la gamba e cominciò a guardarsi intorno. Girandosi, si diresse velocemente verso il mio nascondiglio. Pensai che stesse cercando qualcun altro che desiderava ricevere il darshan. Venne dietro le piante dove mi stavo nascondendo, mi abbracciò stretto e chiese: "Figlio, sei così triste perché non puoi andare in tour?". Non riuscivo a dire nulla ma cominciai a piangere. Allora Amma mi sussurrò nelle orecchie: "Dopo il tour indiano, Amma ha un programma a Kodungallur. Puoi venire a quello".

Tutti i miei dubbi cessarono. Amma sapeva tutto. È lei a creare tutte le circostanze.

Il *seva* che Amma ci dà ci aiuterà a superare le nostre *vasana*. Per quanto possiamo sforzarci, possiamo superare le nostre *vasana* solo con la grazia del Guru. Compiere il proprio *seva* sinceramente ci rende meritevoli della sua grazia.

Il più grande miracolo del Guru è elevare il discepolo dallo stato di incompletezza a quello di completezza. La tradizione Guru-discepolo è colma di esempi di Guru che elevano le anime dall'abisso dell'autodistruzione alle vette della realizzazione del Sé. Poiché il Guru è onnisciente, un *jitakami* (colui che ha sottomesso i desideri), la personificazione di tutte le nobili qualità e il conoscitore della Verità, il discepolo che è pronto ad obbedire alle sue parole senza discutere è idoneo a realizzare il Sé. Se non amiamo il *seva* che il Guru ci ha assegnato, la nostra *sadhana* (pratica spirituale) è imparare ad amarlo.

Poiché il processo di purificazione interiore è lungo e il ricercatore è incline a cadere, la presenza del Guru è molto importante. I sensi sono più potenti di quanto immaginiamo e possono far cadere facilmente in trappola un ricercatore. Questi, dovrebbe considerare i piaceri dei sensi come veleno e rinunciarvi.

I pensieri sensuali sono la causa di una caduta spirituale. Quando i desideri che nascono dal continuo indugiare su tali pensieri vengono contrastati, diventiamo furiosi. L'ira ci indurrà a comportarci senza discernimento. Uno stato mentale in preda all'illusione spiana la strada alla negligenza, che distrugge l'intelletto e segna il nostro destino.

Uno scienziato voleva fare una scoperta che avrebbe giovato all'intera umanità. Pensò che se fosse riuscito a convertire l'acqua del mare in carburante, avrebbe scoperto la soluzione definitiva alla crisi energetica che affliggeva il mondo. Molti amici ricchi si fecero avanti per aiutarlo finanziariamente. Negli Stati Uniti fu creato un laboratorio per condurre gli esperimenti e molti scienziati famosi vi collaborarono. Nonostante i quindici anni di costanti tentativi, i suoi esperimenti fallirono e pian piano i suoi collaboratori lo lasciarono uno dopo l'altro.

Un amico in India con il quale scambiava abitualmente e-mail rimase però al suo fianco. Quando lo scienziato smise di comunicare con lui, l'amico decise di fargli visita. Nel laboratorio, lo scienziato gli disse che stava per abbandonare la ricerca poiché tutti i suoi sforzi lo avevano portato a un punto morto.

L'amico disse: "Non mollare, vai da un Lama in Tibet e chiedigli una soluzione. I tuoi problemi verranno risolti e la tua ricerca sarà fruttuosa". L'amico aggiunse che per consultare il Lama bisognava rispettare tre condizioni:

1. presentare il problema con una sola frase;

2. camminare fino alla dimora del Lama, continuando a recitare la domanda come un mantra;

3. porre una sola domanda.

Lo scienziato accettò le tre condizioni e si recò a fare visita al Lama con grandi aspettative. Quando raggiunse la residenza del Lama, il guardiano gli disse: "Segua questo sentiero. La condurrà a una collinetta e salga i 108 gradini della collinetta. A ogni gradino, ripeta la domanda che vuole porre al Lama. Una volta in cima, troverà il Lama seduto lì. Vedendola, le chiederà di porre la domanda alla quale vuole una risposta. Si ricordi, non avrà l'opportunità di porre un'altra domanda".

Lo scienziato fece ciò che gli era stato detto. Dopo aver salito tutti i 108 gradini vide una donna giovane ed incredibilmente bella seduta su un trono dorato. Fu colto di sorpresa perché si aspettava un vecchio raggrinzito con una lunga barba fluente. Il Lama chiese allo scienziato: "Qual è la sua domanda?".

La domanda che lo scienziato aveva pensato di chiedere era: "Come trasformare l'acqua del mare in carburante?" Invece chiese: "Signora, lei è sposata?"

Questa storia illustra la forza delle *vasana*. Persino sul nostro letto di morte, queste *vasana* possono creare scompiglio. Solo la grazia del Guru può salvarci in simili situazioni. Possa Amma riversare compassionevolmente la sua grazia su tutti noi e aiutarci a superare tali situazioni.

9

Strumento nelle Sue mani

Br. Sharanamrita Chaitanya

Cosa significa essere uno strumento nelle mani del Divino? I seguenti versi della *Bhagavad Gita* lo illustrano con chiarezza:

> *tasmat tvam uttishtha yasho labhasva*
> *jitva shatrun bhunkshva rajyam samrddham*
> *mayaivaite nihatah purvam eva*
> *nimitta-matram bhava savya-sacin*

Alzati quindi e copriti di gloria! Sconfiggi i tuoi nemici e godi delle gioie di un regno prospero. In verità, questi guerrieri sono già stati uccisi da Me. O valente arciere, sii un semplice strumento del Mio operato. (11.33)

Il Signore Krishna aveva già svolto il compito affidato ad Arjuna e adesso lo stava semplicemente benedicendo con l'opportunità di essere uno strumento nelle Sue mani.

Amma ci dice spesso di essere come un pennello nelle mani di un artista o una penna nelle mani di un poeta. Ci mostra anche come esserlo, proprio come Krishna guidò Arjuna sul campo di battaglia di Kurukshetra. Quando Amma ci chiede di fare qualcosa, ci mostrerà anche come farlo. Se tuttavia riteniamo egoisticamente di essere noi gli autori delle azioni, aspettiamoci allora di andare incontro a situazioni dolorose.

Ho avuto la fortuna di essere molte volte uno strumento nelle mani di Amma. Lasciate che ve ne racconti una. Circa dieci anni fa aiutammo Amrita Television a organizzare una cerimonia di premiazione. Amrita TV è un'emittente televisiva creata da devoti di Amma per utilizzare l'impatto della televisione e divulgare i valori spirituali tra le masse. La cerimonia di premiazione si sarebbe tenuta all'aperto, nello stadio internazionale Jawaharlal Nehru di Kochi, in Kerala. La data era stata fissata, gli annunci pubblicitari installati e circa 7.000 pass erano stati distribuiti per l'evento. La funzione si sarebbe tenuta in giugno. In quel periodo Amma sarebbe stata negli Stati Uniti. Dal giorno in cui cominciammo i preparativi piovve ininterrottamente, trasformando lo stadio in un pantano fangoso e pieno d'acqua. La cerimonia si sarebbe svolta entro 48 ore, ma il palco non era stato montato e bisognava ancora disporre le sedie per il pubblico. Che fare? L'allora amministratore delegato, un ardente devoto di Amma, chiamò Swami Amritaswarupananda e gli disse che si sarebbe dovuta cancellare la cerimonia a causa della pioggia incessante. Swamiji informò Amma, che mi chiamò e mi chiese di andare sul posto e fare tutto quanto fosse necessario. Fui preso dall'ansia. Cosa avrei potuto fare? Mi ricordai tuttavia di come, in passato, Amma mi avesse aiutato in situazioni simili.

Quando arrivai sul posto con altri due *brahmachari* vidi gli operai seduti sotto la pioggia che non sapevano cosa fare. Avevamo solo 24 ore a disposizione! Amma chiamò e ci diede istruzioni telefonicamente. Radunammo i lavoratori e in qualche modo riuscimmo a montare il palco, ma l'acqua arrivava ancora alle ginocchia. Amma ci chiese di creare degli argini laterali per impedire all'acqua di entrare, poi ci disse di scavare piccole buche e con una pompa estrarre l'acqua da queste buche e usare i sacchi di iuta per asciugare il terreno. Passammo tutta la notte a farlo.

Il giorno dell'evento Amma chiamò intorno alle 15. Le dissi che stava ancora piovendo e che saremmo riusciti a disporre le sedie per l'inizio della cerimonia alle 18 solo se avessimo iniziato a farlo alle 15.30. Dopo un attimo di silenzio, lei rispose: "Potete iniziare a disporre le sedie tra poco. Amma ti chiamerà a breve". Alle 15.30 in punto la pioggia cessò come se qualcuno avesse spento l'interruttore!

Utilizzammo i sacchi di iuta per asciugare il terreno e disponemmo le sedie con l'aiuto di un altro centinaio di operai. Arrivarono le persone, il programma si svolse senza intoppi e terminò alle 21.30. Non appena gli invitati se ne furono andati, ricominciò a piovere! Eravamo tutti convinti che l'accaduto fosse un *lila* (gioco divino) di Amma e che eravamo stati benedetti dall'avere potuto svolgere la nostra piccola parte.

Quando le nostre azioni sono allineate con la sua volontà, i frutti sono la gioia e la pace. Diventare uno strumento nelle mani di Dio non significa stare seduti con le mani in mano, ma agire con dedizione e discernimento. Amma ci ricorda spesso che persino per compiere la più piccola azione abbiamo bisogno della grazia divina. Un burattino potrebbe pensare che le persone applaudano e apprezzino ciò che fa, ma la verità è che lui non è nulla senza il burattinaio che tira i fili. Allo stesso modo, dobbiamo pensare che tutta la nostra "forza" non è che un gioco del potere divino.

Qualsiasi compito, per quanto piccolo, il Guru ci chieda di svolgere è per il nostro bene. Dobbiamo compierlo con la ferma convinzione che sia per la nostra crescita spirituale.

Una volta Amma mi chiamò e mi chiese di fare un lavoro. A causa del mio ego non lo eseguii correttamente. Quando lei lo scoprì, non disse nulla, ma non mi rivolse più la parola. Quanto avrei preferito un suo rimprovero! Le parole non possono esprimere il dolore che provai nell'essere ignorato da Amma. Le scrissi molte lettere di scuse senza ricevere risposta. Continuai il mio *seva* (servizio disinteressato) come centralinista. In precedenza, se Amma aveva bisogno di un'informazione, mi chiamava. Adesso invece cominciò a inviarmi qualcuno a chiederla. Se voleva parlare con qualcuno telefonicamente, mandava una persona a comporre il numero e a passarle la chiamata. Tutto questo continuò per un po'. Ero talmente sconvolto che non riuscivo più a dormire né a mangiare.

Questo accadeva in settembre. Mancavano solo cinque giorni al compleanno di Amma. Una sera venni a sapere che dopo i *bhajan* Amma avrebbe visitato il luogo in cui si sarebbero tenute le celebrazioni del compleanno per controllare i preparativi. In precedenza l'avevo sempre accompagnata in questi viaggi e ricevuto le sue istruzioni su ciò che andava migliorato o cambiato. Rendendomi conto che non avrei goduto di questa preziosa opportunità, la mia angoscia raggiunse l'apice. Persi ogni controllo, corsi vicino alla stanza di Amma e cominciai a piangere fuori dalla sua porta.

Quella sera, al suo rientro, Amma avrebbe camminato sulle mie lacrime che erano su ogni gradino che portava alla sua stanza. Anche quando tornai nella mia camera non riuscii a smettere di piangere.

Verso le nove e mezza, Amma scese dalla sua stanza e domandò a uno dei suoi assistenti dove fossi. Quando questi mi chiamò per dirmi che Amma aveva chiesto di me, corsi da lei. Amma mi portò sul luogo del programma e iniziò a discutere dei preparativi necessari, come se non fosse successo nulla. A volte, il silenzio del Maestro ci insegna grandi lezioni.

Un medico non rifiuta di curare un paziente solo perché la terapia potrebbe essere dolorosa. La sola intenzione del medico è farlo guarire dalla malattia. Allo stesso modo, alcuni comportamenti di Amma potrebbero rivelarsi dolorosi per noi, ma sono solo per il nostro bene. Lo scopo principale del Guru è rimuovere l'ego del discepolo e per riuscirvi impiega metodi diversi, a seconda della natura del discepolo. Come uno scultore scalpella per togliere le parti indesiderate della pietra e realizzare una bellissima scultura, così il Guru rimuove, per pura compassione, tutte le indesiderabili tendenze che ostacolano il progresso spirituale del discepolo. Dobbiamo fare del nostro meglio per lasciare la presa. Senza l'abbandono di sé è difficile ottenere la grazia divina.

Prima d'iniziare a vivere ad Amritapuri amministravo un negozietto di tessuti a Vaikom, in Kerala. Dovetti assumerne la gestione mentre frequentavo ancora le superiori. L'attività era gravata da molti debiti e questioni legali, ma pensavo che ce l'avrei fatta in qualche modo. Pregai Amma chiedendo solo la sua benedizione, senza parlarle dei problemi correlati. Dopo tre anni, le difficoltà divennero insormontabili. Mi recai al darshan e tra le lacrime le raccontai tutte le mie preoccupazioni. Dissi ad Amma che la situazione era diventata ingestibile e che solo lei avrebbe potuto risolvere i problemi. Consolandomi, rispose: "Amma si prenderà carico di tutti i tuoi problemi. Non preoccuparti, Amma è sempre con te".

E fu davvero così: nel giro di un anno i problemi furono risolti. Quando deponiamo tutto ai suoi piedi, Amma si prende cura di ogni nostro bisogno. Non essendo più interessato a continuare quell'attività, andai da Amma e mi stabilii ad Amritapuri.

Qualcuno chiese a un flauto: "Come fa a scaturire da te questa musica meravigliosa?".

Il flauto rispose: "Ero una semplice canna di bambù. Un giorno il mio maestro mi raccolse, mi pulì, praticò sette fori, tolse le parti inutili e cominciò a suonarmi".

Questo è ciò che Amma cerca di fare con tutti noi. Non dobbiamo che abbandonarci a lei. Ai tempi del Signore Rama, le scimmie (*vanara*) poterono stare con Lui solo durante la guerra. Ai tempi del Signore Krishna, le *gopi* (pastorelle) e altri ardenti devoti come Akrura e Uddhava non poterono passare molto tempo con Lui. Noi, invece, siamo benedetti avendo l'opportunità di trascorrere così tanto tempo con Amma

Possa il nostro legame con Amma diventare sempre più solido.

10

La barca della nostra vita

Swamini Suvidyamrita Prana

Un esperto comandante salì su una nave dopo una lunga preparazione professionale. Era orgoglioso delle sue competenze e la sua arroganza traspariva dal suo comportamento e atteggiamento. Anche se era irritante, i membri dell'equipaggio non avevano altra scelta se non quella di obbedire ai suoi comandi. La nave salpò come previsto e durante la navigazione le persone a bordo si godettero quella splendida esperienza con il mare.

Un giorno il tempo mutò improvvisamente. Il cielo si riempì di nuvole nere di pioggia e le acque diventarono burrascose. Quando la nave cominciò a sbandare pericolosamente, i passeggeri si misero a gridare. Il comandante urlò: "Sono qui! Di cosa avete paura?". Tuttavia, quando l'imbarcazione cominciò a sobbalzare in modo allarmante, il comandante si rese conto che la situazione era fuori controllo. Impotente, alzò gli occhi al cielo e unì le mani in preghiera. Sentendo la vista annebbiarsi, cadde a terra svenuto.

Dopo un po', riprese conoscenza. C'era un silenzio di tomba. Guardandosi intorno, vide che la nave era praticamente distrutta e a bordo era rimasto solo lui. Preso dalla disperazione si mise a urlare, ma solo il cielo e le onde dell'oceano udirono le sue grida. Mentre rifletteva sulla sua precedente arroganza e sulla sua attuale impotenza, si sentì spinto a pregare.

All'improvviso udì un rumore. Quando aprì gli occhi, vide un enorme uccello bianco volare verso di lui. Capì che la nave doveva essere vicina alla costa. Raccogliendo le forze rimaste, si tuffò in acqua e nuotò. Seguì la direzione dell'uccello e infine raggiunse la spiaggia.

Tutti noi siamo come il comandante della storia: iniziamo il viaggio della vita con ogni sorta di piani e di sogni, ma quando una tempesta ci coglie di sorpresa e distrugge le nostre speranze, ci troviamo a fluttuare tra le onde del nostro *prarabdha karma* (karma passato). Non sapendo come proseguire, ci arrendiamo impotenti. Ed è proprio allora che, come l'uccello bianco della storia, dinanzi a noi appare la coscienza suprema sotto forma del Guru per guidarci verso la salvezza. Se abbiamo fede nel Guru e seguiamo il sentiero che ci indica, la grazia divina ci aiuterà ad attraversare l'oceano della trasmigrazione (ciclo di nascita e di morte) e ci salverà.

Un bellissimo esempio di come il Signore abbia salvato un'anima allo stremo delle forze è racchiuso nella *Bhagavad Gita*. Arjuna, che era così fiero delle sue capacità, all'improvviso cadde in confusione e fu preso dalla disperazione. Gridò: "Signore, sono il tuo discepolo e mi affido a Te! Ti prego, guidami e insegnami!" (2.7).

La risposta del Signore Krishna (nel capitolo 2) è l'essenza dell'intera *Bhagavad Gita*. Tra le perle di consigli che diede ad Arjuna c'è la seguente esortazione:

> *yoga-sthah kuru karmani sangam tyaktva dhananjaya*
> *siddhy-asiddhyoh samo bhutva samatvam yoga ucyate*

> Sii stabilito nello yoga, o Arjuna. Compi il tuo dovere senza attaccamento e sii equanime nel successo e nell'insuccesso. Lo yoga è equanimità della mente. (2.48)

In questo verso, Sri Krishna spiega approfonditamente in cosa consiste il *karma yoga*, la via dell'azione dedicata a Dio. Lo Yoga è equanimità della mente. Significa liberarsi dall'aspettativa di un risultato particolare, rimanere fermi di fronte al guadagno o alla perdita, al successo o al fallimento, e agire con distacco. Amma esprime lo stesso concetto quando dice: "Figli, vivete nel momento presente e compite il vostro dovere. Solo il momento presente è nelle nostre mani. Qualsiasi cosa incontriate sul vostro cammino, proseguite con coraggio. Lasciate il resto alla volontà di Dio".

Nel 2006, dopo che Amma era partita per il tour negli Stati Uniti, ricevetti un messaggio: Amma voleva che dirigessi la scuola (Amrita Vidyalayam) di Hyderabad. Mi sentii come se mi avessero dato un colpo in testa. Nelle sue istituzioni Amma invia chi parla la lingua del posto. Quindi tutti, non solo io, rimanemmo sorpresi quando Amma decise che io, che non so una parola di telugu, dovevo recarmi a Hyderabad. Ad ogni modo ero felice che Amma avesse pensato a me. In seguito, lei stessa mi spiegò cosa avrei dovuto fare esattamente e come mi sarei dovuta comportare. Confidavo che Amma si sarebbe presa cura di ogni cosa.

Nella scuola, ogni giorno sorgevano problemi, uno dopo l'altro. Tutte le mattine mi sentivo stressata pensando alle lamentele e ai problemi che avrei ascoltato quel giorno. Ma alla fine ogni cosa si risolveva, lasciandomi stupita. A ben pensarci c'era solo una spiegazione: la grazia di Amma era all'opera. Spesso lei ci dice: "Figli, non fatevi prendere dallo stress. Fate del vostro meglio e lasciate il resto alla volontà di Dio".

Amma potrebbe pagare facilmente persone più qualificate per eseguire gran parte dei lavori dell'ashram. Ciò che lei sta cercando di fare non è trasformarci in professionisti in carriera bensì ci sta aiutando ad avere un atteggiamento di abbandono. Affinché sia possibile, dobbiamo sforzarci di svolgere con tutto il cuore ciò che lei ritiene sia la cosa migliore per il nostro progresso spirituale.

Un giorno portai gli studenti ad una fiera e li guardai con piacere mentre si divertivano sulla ruota panoramica. Tuttavia, uno dei bambini si mise ad urlare e a piangere chiedendo di fermare la ruota. La ruota è controllata da un interruttore e una volta saliti è possibile scendere solo quando l'interruttore viene spento. Sia che ci godiamo la corsa o urliamo di paura, l'interruttore si spegnerà solo in base alle impostazioni date. Allo stesso modo, il Creatore ha predeterminato l'inizio, la fine e la fase intermedia della ruota panoramica della nostra vita. C'è solo una cosa che possiamo fare: porci un obiettivo e cercare di raggiungerlo. Dobbiamo ricordare che più nobile sarà il nostro obiettivo, più numerosi e grandi saranno gli ostacoli che dovremo affrontare.

Il Gange scorre dalle vette dell'Himalaya fino al golfo del Bengala. Il suo viaggio è facile? No. Scivola su piccoli ciottoli, salta su grandi massi, si insinua tra gli alberi caduti sul cammino o li aggira e si fa strada attraverso catene montuose. Penserà mai: "Non posso farcela! Ne ho abbastanza!"?. No, non avrà mai pensieri simili, ma scorrerà deciso, fino alla meta. Anche noi dovremmo sviluppare questa ferma determinazione e fede nella nostra vita.

Per la gente comune, non è facile avere tale forza mentale mentre invece è la natura stessa di esseri divini come Amma. Sin dall'infanzia, Amma ha dovuto affrontare violente critiche che piovevano da ogni parte. Ciò nonostante, è rimasta imperturbabile. Nei 108 nomi di Amma (*Ashtottaram*) è scritto che Amma uscì in silenzio dal ventre della madre (mantra 24). Questo silenzio rivela il suo equilibrio interiore. È da questo stato di silenzio ed equilibrio interiore che lei agisce. Tutte le sue opere caritatevoli sono espressione della saggezza nata da questa equanimità. Che si tratti di gestire calamità, orfanotrofi od ospedali, campagne di pulizia ambientale, progetti umanitari o di ricerca, Amma guida tranquillamente tutto con una saggezza infallibile. Non prendendosi il merito di nulla, riceve sia gli elogi che le critiche con distacco e continua la sua missione di amare e servire gli altri.

La dott.ssa Priya Nair mi ha raccontato il seguente fatto, accaduto dopo il conferimento ad Amma della laurea ad honorem da parte dell'Università dello stato di New York nel 2010. Al termine della cerimonia, Amma fu invitata a recarsi in una stanza dietro il palco. Priya aveva in mano la toga cerimoniale. All'improvviso, Swami Amritaswarupananda la prese, la porse ad Amma e con grande trasporto esclamò: "Dottoressa Amma! Dottoressa Amma! Amma è diventata dottoressa!". Priya cominciò ad applaudire, ma Amma mise la toga da parte e disse: "Cosa stai dicendo? Non sono interessata a questi titoli! Amma non fa nulla per ricevere riconoscimenti. Oggi le persone l'applaudono e domani potrebbero urlarle contro. Ha senso essere influenzati da queste cose? Amma ha accettato di ricevere questo riconoscimento perché rende felice te e gli altri miei figli, ma se sviluppi attaccamento per questi cosiddetti successi diverrai infelice quando la gente ti criticherà. Mantieni la calma".

E se fossimo noi a ricevere una tale onorificenza? Pubblicheremmo le nostre foto su Facebook, cercando di ottenere il maggior numero di "mi piace"!

In effetti, la vita di Amma è una dimostrazione dell'intera *Bhagavad Gita*. Lei continua a seguire il suo *dharma*, ignorando gli elogi e gli insulti, l'accettazione o il rifiuto.

Amma non ha mai cancellato un darshan o un tour, dicendo di essere stanca. Persino ora, mentre il mondo intero è in lockdown, è impegnata nell'azione come non mai, ancora più di prima, mentre esamina i resoconti di ogni suo ashram nel mondo.

Vorrei condividere un altro episodio menzionato nel libro *Amritashtakam* di Swami Ramakrishnananda. Nel 2011, quando Amma andò in Giappone, il Paese si stava riprendendo dal terremoto di Tohoku. Le persone che l'accompagnavano non avrebbero voluto che si recasse in Giappone e si sentirono sollevati quando seppero che il programma di Amma si sarebbe tenuto lontano dall'epicentro del sisma. Molti sfollati provenienti dai campi dei rifugiati vennero al darshan di Amma. Vedendo le loro espressioni cariche di ansia, paura e disperazione, Amma chiamò il *brahmachari* che coordinava il programma giapponese e disse: "Domani andrò nella zona dell'epicentro del terremoto per vedere i miei figli. Fai i preparativi necessari!".

Dopo un lungo viaggio, Amma arrivò nei campi di soccorso locali, abbracciò i rifugiati e trascorse del tempo con loro. Tutte le persone che la accompagnavano furono testimoni del coraggio e della compassione di un vero yogi. Amma si recò poi sulla vicina riva del mare e pregò per le anime dei defunti e per l'armonia tra l'umanità e la natura. Questa è la visione equanime e l'amore che ha per tutte le creature. In qualche modo Amma riuscì ad arrivare nella città successiva poco prima dell'inizio del programma.

Come può compiere tutto questo? Amma dimora in uno stato al di là del corpo, della mente e dell'intelletto, ma scende al nostro livello per guidarci. Le Scritture affermano che dobbiamo imparare ed emulare l'esempio dei maestri spirituali.

Possiamo imparare da Amma quanto segue. Questi sono i fattori che trasformano il karma in karma yoga:

*Gioire di ogni azione che compiamo.

*Dare più importanza allo sforzo che al risultato delle azioni.

*Rimanere distaccati dall'esito dell'azione.

*Non inebriarsi del successo e non demoralizzarsi per l'insuccesso.

*Accettare ogni cosa come *prasad*, dono di Dio.

Questo è abbandono. Quando vediamo un bicchiere pieno per metà potremmo dire che è mezzo pieno o mezzo vuoto. Qual è la verità? La verità è che il bicchiere è pieno per metà con acqua e per metà con aria. Allo stesso modo, dobbiamo vedere tutto per quello che è.

Una volta, mentre Amma stava tornando nella sua stanza dopo il darshan, una devota le offrì tre rose gialle del suo giardino. Amma guardò i fiori per qualche istante, godendo del loro profumo, e poi disse con un sorriso: "La forma dei petali di queste rose è talmente diversa, eppure ognuno di essi è bellissimo". Dopo qualche istante di silenzio, continuò: "Sai, quando guardo il mondo vedo tutte le cose come questi fiori: così diverse, eppure così squisitamente belle! Ognuno di voi, ogni persona che viene per il darshan, ogni persona che passa, è talmente diversa ma così divinamente bella. Se solo poteste vedere il mondo come lo vedo io...".

Non possiamo nemmeno provare ad immaginare come sia questo stato. Amma è quell'anima rara che vede solo la bellezza. Da quella condizione eterea, chi potremmo odiare? Come potremmo essere tristi quando c'è solo bellezza? Nulla sarebbe negativo, esisterebbe unicamente un flusso costante di energia positiva. Regnerebbero solo l'amore e la compassione per tutti. Amma canta:

> *taye! nin makkalanennuracchal*
> *loka vairuddhyam snehamakum...*
> *dharmam engum anandam ekum (from 'Shakti Rupe')*

O Madre, se si guardassero tutti come figli Tuoi, le contrapposizioni del mondo si trasformerebbero in amore e il retto agire diffonderebbe la gioia ovunque!

All'inizio di questo *satsang*, la vita è stata paragonata ad una nave su un oceano maestoso. Sforziamoci di avere la fede che la barca della nostra vita stia navigando sull'oceano di beatitudine di Amma. Allora, per quanto forti possano essere gli uragani o le tempeste, non dovremo temere nulla. Non dovremo nemmeno essere in ansia per il futuro.

Viviamo quindi senza paura e con questa preghiera: "Non permettere mai che mi allontani da te!".

Possa Amma esaudire questa preghiera.

11

La promessa del Signore

Br. Devidasa Chaitanya

Nella *Bhagavad Gita*, il Signore Krishna pronuncia queste parole rassicuranti:

> *kshipram bhavati dharmatma shashvacchantim nigacchati*
> *kaunteya pratijanihi na me bhaktah pranashyati*
>
> Il mio devoto diventerà presto virtuoso e otterrà una pace
> duratura. O Arjuna, sappi per certo che il Mio devoto non
> perisce mai. (9.31)

La frase *"na me bhakta pranashyati"*, significa letteralmente "Il mio devoto non perisce mai". Questo potrebbe significare che Dio salva i devoti dai pericoli e provvede ai loro bisogni, ma vorrebbe anche dire che un vero devoto è immortale o che non proverà nessun dolore? Le vite di molti grandi devoti mostrano però come tutti loro abbiano dovuto affrontare prove e sofferenze. Come conciliare questa apparente contraddizione?

La *Bhagavad Gita* nomina quattro tipi di devoti: *arta, artharthi, jijnasu* e *jnani*, ovvero l'afflitto, colui che rincorre le ricchezze, il ricercatore della conoscenza (divina) e il conoscitore della Verità. Nel verso appena menzionato il Signore si stava riferendo al terzo e al quarto tipo.

Amma parla di *"tattvattile bhakti"*, la devozione basata sulla comprensione dei principi spirituali. I devoti che hanno tale comprensione sanno che i problemi fanno parte della vita e li gestiscono serenamente. Non vedono neppure la morte come una tragedia bensì come un ricongiungimento con l'Amato.

Prahlada, un ardente devoto del Signore Vishnu, fu perseguitato dal padre Hiranyakashipu, che voleva che il figlio smettesse di essere devoto a Dio. Però Prahlada si rifiutò e il padre cercò di ucciderlo in diversi modi: gettandolo da una rupe, buttandolo in un fiume, spingendolo davanti a un elefante in fuga... Ogni volta, il Signore salvò Prahlada. Alla fine, Hiranyakashipu sguainò la spada per uccidere il figlioletto e gli chiese: "Dov'è ora il tuo Vishnu che ti protegge?".

La devozione di Prahlada era così radicata nella conoscenza (*jnana*) che rispose: "Il mio Signore è ovunque, persino nelle colonne intorno a noi".

Infuriato, Hiranyakashipu colpì un pilastro con la spada. Il Signore emerse da quel pilastro come Narasimha e lo uccise.

Non sempre il Signore salva i devoti dalla morte. Quando Jatayu, un'aquila gigantesca, ardente devota del Signore Rama, vide il re dei demoni Ravana rapire Sita, cercò di fermarlo, ma il demone le tagliò le ali e l'aquila precipitò a terra. Prima che Jatayu esalasse l'ultimo respiro, arrivò il Signore Rama, che la prese in grembo e la colmò di amore e di affetto nei suoi ultimi istanti. Jatayu raggiunse così la liberazione.

Nella devozione suprema, il Signore e il devoto diventano spiritualmente tutt'uno. Questo è lo stato a cui si fa riferimento nella preghiera: "*Mrityorma amritam gamaya*", "Conducimi dalla morte all'immortalità". Il *Narada Bhakti Sutra* descrive così lo stato di vera devozione: "*Yal labdhva puman amrito bhavati*", ovvero, "Raggiungendo il quale si diventa immortali". In questo stato, non si pone la questione se Dio protegga o no il Suo devoto poiché il protettore (Dio) e il protetto (devoto) sono tutt'uno.

Molti figli di Amma hanno fatto l'esperienza di come lei li abbia salvati nelle avversità. Swami Dayamritananda condivise con me una di queste esperienze. Lo swami arrivò da Amma nei primi anni '80, spinto non dalla devozione ma dalla curiosità. Durante il suo primo Devi Bhava darshan vide Amma ricevere Dattan, un lebbroso. Mentre lo accoglieva tra le sue braccia, gli occhi di Amma erano colmi di amore. Poi lei cominciò a drenare con la bocca il pus dalle ferite purulente. Questa scena ebbe un impatto profondo sul futuro swami, che poco dopo decise di unirsi all'ashram.

Tuttavia Amma volle che ottenesse prima il permesso dei genitori. Sfortunatamente, essi volevano che conducesse una vita "normale" e per distoglierlo dalla spiritualità decisero di mandarlo all'estero, affidandolo a dei parenti. Quando lo swami informò Amma, lei disse: "Vai. Ti troverai di fronte a molte situazioni che ti metteranno alla prova. Se rimarrai fermo nel tuo proposito, Amma farà un *sankalpa* (risoluzione divina) e potrai tornare presto".

Swami Dayamrita si recò all'estero e vi rimase per un paio di anni. Dovette affrontare numerose sfide, ma grazie alla sua forza interiore, che scaturiva dall'amore per Amma, non ebbe nessuna incertezza. Notando la sua indifferenza verso le tentazioni del mondo, i parenti si arresero. Lo swami li supplicò di comprargli un biglietto aereo per tornare in India, ma essi rifiutarono e lo abbandonarono a se stesso. Swami Dayamritananda non aveva abbastanza denaro per comprarne uno. Mentre si chiedeva cosa fare, frugò nella sua valigia e trovò un biglietto Air India scaduto da tempo. Tentando il tutto per tutto, si recò negli uffici dell'Air India e chiese ad una impiegata al banco se ci fosse un modo per riscattare il biglietto. Dopo averlo esaminato, la donna rispose categorica: "Assolutamente no!".

Distrutto, in piedi in mezzo all'ufficio dell'Air India, Swami Dayamritananda chiese silenziosamente aiuto ad Amma. Dopo qualche istante, la stessa impiegata lo chiamò: "Forse possiamo fare un tentativo. Ha un referto di un qualche trattamento medico a cui è stato sottoposto di recente? In tal caso potrebbe esserci una via d'uscita".

Chiamatela mera coincidenza (o grazia di Amma), lo swami si era sottoposto ad un trattamento agli occhi poco tempo prima e aveva tutti i referti in valigia! In pochi minuti il biglietto per l'India (e la vita spirituale) era nelle sue mani.

Amma mi ha aiutato personalmente ad apprezzare il significato di *"na me bhakta pranashyati"* attraverso un'esperienza. Poco dopo essermi unito all'ashram nel 1991, Amma mi mandò all'AICT (Amrita Institute of Computer Technology), l'istituto professionale informatico dell'ashram a Puthiyakavu, dove studiare e collaborare con il dott. Krishnakumar, allora responsabile della struttura. Il mio lavoro prevedeva, tra l'altro, di uscire per fare acquisti. Passando davanti ai negozi di alimentari, sentivo il desiderio di mangiare qualcuno di questi prodotti. A quei tempi, la vita nell'ashram era molto più austera: bere tè non era visto di buon occhio, leggere i quotidiani era considerato una perdita di tempo, mangiare cibo comprato all'esterno era decisamente vietato. Tuttavia, il desiderio di snack saporiti cresceva di giorno in giorno.

Un giorno vidi delle noccioline in un negozio. Incapace di resistere alla tentazione, entrai e ne acquistai un pacchetto. Dopo cena le mangiai, nonostante mi sentissi in colpa. Questo senso di disagio e di colpa crebbe finché, dopo qualche giorno, divenne intollerabile. Andai da Amma e, tremando interiormente, le riferii cosa avevo fatto. Guardandomi severamente, disse: "Se non hai nessun *vairagya* (distacco) nemmeno all'inizio della vita nell'ashram, come farai a rimanere su questo sentiero?".

Mi allontanai con il cuore pesante. I giorni seguenti furono molto difficili. Mi sforzai di intensificare la mia *sadhana* (pratiche spirituali). Un giorno digiunavo e un altro mi abbuffavo. Stavo lottando contro le mie *vasana* (tendenze latenti), fallendo spesso e sentendomi perciò infelice. Cominciai a pensare di non essere adatto al cammino spirituale. Allo stesso tempo, la vita mondana mi sembrava orribile e non riuscivo ad immaginare di tornarci. Disperato, pensai che forse era giunto il momento di porre fine alla mia vita.

Una sera, durante i *bhajan*, Amma cantò molti canti struggenti come *"Kannunir toratta ravukal etra poyi"* ("Quante notti ho trascorso con gli occhi colmi di lacrime?") e *"Ente kannunir etra kandalum manassaliyuka ille"* ("Pur vedendo le mie lacrime, perché non provi compassione?"). Quei canti sembravano riflettere il mio stato interiore. Piansi per tutto il tempo.

Dopo i *bhajan* andai a sedermi sulla veranda occidentale del tempio di Kali, di fronte al balcone della camera di Amma. Avrei voluto meditare, ma non riuscivo a smettere di piangere. Sentivo di essere arrivato al limite della sopportazione. Tra le lacrime, pregavo dal profondo del mio cuore: "Amma, sono davvero indegno del cammino spirituale? Non potresti darmi un'altra opportunità e salvarmi da questo dolore? Non credo di poter più resistere...".

Penso che passò qualche ora. L'intera zona era buia ad eccezione di una lucina nella camera di Amma. All'improvviso, il fascio di luce di una torcia mi colpì il viso. Aprendo gli occhi, vidi che proveniva dal balcone di Amma. Era Amma che teneva in mano la torcia! Chiese: "Chi è là?".

Con voce flebile dissi: "Amma, sono io...".

Tenne la luce sul mio viso per un po' prima di spegnerla. Dopo qualche istante, puntò di nuovo la luce sul mio viso e mi gettò qualcosa. Era una mela. Il *prasad* di Amma! Poi parlò, questa volta dolcemente e amorevolmente: "Ehi Sudeep, mangiala e vai a dormire! E domani alzati per l'*archana*".

Era la prima volta che mi chiamava per nome! Fu come se avessi ritrovato me stesso. Amma mi conosceva da sempre, aveva udito tutte le mie preghiere e visto ogni mia lacrima scendere sulle guance. Aveva compreso e percepito la mia grande sofferenza e mi aveva accolto nel suo cuore... Impossibile descrivere il sollievo e la quiete che provai.

Continuai a piangere mentre mangiavo la mela. Alla fine tornai nella mia capanna e piansi lacrime di gratitudine finché non mi addormentai.

Quando l'indomani mi svegliai ero una persona nuova. Avevo riacquistato la fiducia in me stesso e il mio cuore traboccava dell'amore di Amma.

In tutti i miei anni con lei, questo episodio è quello che mi ha più emozionato. Stavo brancolando nel buio e la mela e sentire Amma chiamarmi per nome rappresentarono per me la rassicurazione del Signore Krishna ad Arjuna: "*Na me bhakta pranashyati*". Amma trasmette lo stesso messaggio, con maggiore sentimento, quando ci sussurra all'orecchio: "Mio caro figlio/mia cara figlia, non preoccuparti, la Madre è sempre con te".

Col senno di poi, compresi che l'esperienza vissuta non era affatto legata alle noccioline, ma alla mia lotta interiore per riuscire ad elevarmi al livello delle mie aspirazioni spirituali. A quel tempo consideravo la mia voglia di cibo gustoso un problema serio. Il nocciolo della questione era l'incapacità di superare le mie debolezze mentali. Questo era un duro colpo al mio ego e i ripetuti fallimenti mi avevano fatto perdere la fiducia in me stesso. La risposta di Amma alla mia confessione non aveva fatto che rispecchiare il mio senso di fallimento e non il suo atteggiamento nei confronti del cibo. La maschera di severità che indossò mi aiutò a giungere ad una comprensione più realistica su come armonizzare il desiderio con i valori fondamentali della vita spirituale.

Per un ricercatore spirituale, è importante rimanere fedele ai valori spirituali e alla regolarità nella pratica. Come Amma ci ricorda spesso, perfino una minuscola falla può far affondare una barca. Se non ci accertiamo che non ci siano perdite nella barca della nostra vita spirituale, come possiamo attraversare l'oceano del *samsara*, il ciclo delle nascite e delle morti?

Amma è *"ahaituka kripa sindhu"*, un oceano d'infinita compassione. È *kalpataru*, l'albero divino che esaudisce i desideri e ci avvicina a Dio. Amma non si aspetta nulla da noi. Ciò nonostante, offriamole le nostre preghiere pure e sincere, preghiere che arrivino al suo cuore colmo d'amore divino.

Possiamo noi tutti, attraverso *shraddha* (fede e attenzione) e *bhakti*, diventare tutt'uno con Amma e raggiungere la sua dimora divina e immortale.

12

Domare la mente

Bri. Gurukripamrita Chaitanya

Amma dice che a volte la strada è molto trafficata, altre volte è libera, ma il traffico di pensieri nella mente – un flusso continuo di pensieri, preoccupazioni, speranze, sogni, rimpianti, giudizi e così via – non diminuisce mai. Anche se ci troviamo in India, la nostra mente può essere a New York. Questa è la natura di una mente non domata: non è mai in pace e crea pensieri inutili, inventa storie ed è inquieta. Non può pensare di fare qualcosa senza aspettative.

Quando frequentavo l'università, un giorno andai in un negozio a comprare un libro. Mentre ero lì, vidi una cioccolata avvolta in una bellissima carta e pensai di donarla ad Amma. Il giorno prima l'avevo vista gustare del cioccolato offerto da un devoto. Entusiasta all'idea che Amma avrebbe accettato la mia offerta, cominciai a fantasticare su come mi avrebbe guardata e chiesto dove l'avessi presa...

Sebbene con me nel negozio ci fossero due *brahmacharini* amiche mie, non svelai il mio piano; acquistai la cioccolata di nascosto e la misi in borsa. Se avessi detto loro che era per Amma sarebbero state contente ma, egoisticamente, desideravo l'attenzione di Amma tutta per me.

Il giorno dopo, mentre Amma dava il darshan ai residenti dell'ashram, le diedi la tavoletta. Lei la prese e la mise da parte senza degnarla di uno sguardo. Non era certo quello che mi aspettavo! Ero molto amareggiata. Quando ci ripensai in un secondo momento, compresi che il giorno prima Amma non stava gustando la cioccolata ma l'amore del devoto. Anch'io avevo pensato che stavo offrendo la mia cioccolata con amore, ma questa offerta era macchiata dall'egoismo e dall'aspettativa.

L'aspettativa produce infelicità se non riusciamo ad ottenere ciò che vogliamo. Pertanto, per essere contenti, dovremmo abbandonare ogni aspettativa.

Il Signore Krishna dice: "*Yogastha kuru karmani sangam tyaktva*", ovvero, "Rimani saldo e compi i tuoi doveri rinunciando ad ogni attaccamento ai risultati" (*Bhagavad Gita*, 2.48). Ciò significa agire con piena consapevolezza senza nutrire aspettative. Questo è l'atteggiamento di un *karma yogi*. Un'azione compiuta aspettandone i frutti crea legami, mentre la stessa azione eseguita con un atteggiamento corretto porta alla liberazione spirituale.

Amma racconta una storia che chiarisce bene questo punto. Un giorno, un uomo si rimpinzò di *ghee* in un banchetto. L'indomani aveva mal di stomaco e così si recò da un medico ayurvedico che gli chiese di bere un litro di *ghee*. A queste parole, il paziente gli disse che il suo malessere era dovuto all'avere consumato troppo *ghee* e che quindi non voleva assumerne dell'altro. Il medico preparò un rimedio mescolando alcune erbe ayurvediche nel *ghee* e poi lo diede all'uomo dicendogli la quantità da assumere. L'uomo prese la medicina come gli era stato prescritto e il dolore scomparve. Consumato in eccesso, il *ghee* aveva fatto star male l'uomo. Lo stesso *ghee*, ingerito come rimedio, l'aveva guarito. Analogamente, a seconda della motivazione, un'azione può sia forgiare legami che liberare.

I *Mahatma* (anime spiritualmente illuminate) come Amma mostrano sempre il giusto esempio. Lei svolge ogni azione con la massima concentrazione e consapevolezza. Quando serve il pranzo-*prasad*, lo fa in modo incredibilmente veloce e anche se ci sono quattro o cinque file di volontari che lo distribuiscono, è difficile tenere il suo passo. Pur passando i piatti velocissimamente, Amma guarda ogni persona che le si avvicina e controlla che ogni piatto contenga riso o altro cibo a sufficienza. È lei che di solito si accorge se mancano sottaceti in una porzione, ad esempio. Quando ha finito di servire il *prasad*, calcola quanto tempo è stato necessario per servire un numero x di persone. Osservandola, è evidente che svolge ogni sua azione in modo ottimale: il massimo lavoro nel minor tempo possibile. Il Signore Krishna dice: "*Yogah karmasu kaushalam*", ovvero, "Lo yoga è maestria nelle azioni" (*Bhagavad Gita*, 2.50).

Molti anni fa, un giorno Amma venne in tipografia e vide che la macchina da stampa era impolverata. Questa negligenza la rattristò. Amma pulì personalmente la macchina e disse che dovevamo considerare il lavoro un atto di adorazione. Aggiunse anche che, come puliamo la nostra sala di preghiera prima di iniziare le nostre pratiche, così dovremmo pulire il luogo in cui lavoriamo e pregare prima di metterci all'opera. Se il lavoro diventa un atto di adorazione, il suo risultato è *prasad*. Se accettiamo i frutti delle nostre azioni come *prasad* saremo equanimi sia nel successo che nell'insuccesso. Questo è ciò che intendeva il Signore Krishna quando disse: "*Siddhyasiddyoh samo bhutva*", ovvero, "Sii equanime nel successo e nell'insuccesso" (*Bhagavad Gita*, 2.48).

Gli insuccessi sono più istruttivi dei successi. Il dolore che provocano ci induce a fermarci e a riflettere sulla vera natura delle cose e sulla loro importanza nella nostra vita. Questo ci porta a cambiare e a migliorarci.

Nel 2019, l'India lanciò Chandrayaan-2, la sua seconda missione di esplorazione lunare. Da anni, l'ISRO (Indian Space Research Organization) lavorava duramente per rendere questa missione un successo. Tuttavia, proprio prima che Chandrayaan-2 stesse per raggiungere l'obiettivo, il modulo per l'allunaggio si schiantò. Sebbene avvilito, il gruppo di lavoro accettò la cosa, imparò dal fallimento e ora si sta preparando per Chandrayaan-3.

Così come l'insuccesso può insegnarci lezioni importanti, anche la tristezza può avvicinarci a Dio. Quando siamo tristi, le nostre preghiere sono più accorate. Ecco perché Kunti, la madre dei Pandava (nel *Mahabharata*), pregò il Signore Krishna di darle dispiaceri: sapeva che l'avrebbero portata più vicina a Lui.

Tutti noi abbiamo vissuto esperienze in cui, profondamente tristi, abbiamo chiesto aiuto ad Amma. Permettetemi di condividerne una. Incontrai Amma quando si recò per la prima volta a Mumbai nel 1987. A quel tempo frequentavo la prima media. Ogni giorno tenne due programmi per circa due settimane. Quando in seguito ritornò a Mumbai, tenne programmi per un mese. Abitò in una casa vicino all'appartamento dei miei genitori per oltre venti giorni. Quando usciva per recarsi ai programmi pubblici, andavo quasi sempre vicino alla sua macchina. Vedendomi, Amma mi chiedeva: "Non vieni al programma?" e poi mi prendeva con sé. Quando avevo sonno, mi metteva sul suo grembo. Così, stavo con lei tutto il giorno. Quando non ero con lei, andavo dagli *swami* per ascoltare le storie su Amma. In questo modo passò un mese. Al termine del suo soggiorno a Mumbai, quando stava per partire, ero affranta. Mi era difficile starle lontano, ma dovevo tornare a scuola.

Dopo qualche mese furono annunciate le date del programma di Amma a Kolkata. I miei genitori decisero di partecipare al programma e chiesero a uno dei devoti di Amma di occuparsi di me mentre erano assenti. Io non potevo seguirli perché avevo lezione. Dopo la loro partenza, mi sentivo triste, mi mancava Amma e piangevo spesso. Non sapevo nulla della spiritualità, ma mi ero molto attaccata ad Amma. L'unica cosa che volevo era vederla e stare con lei.

Due giorni dopo mi apparve in sogno. Tenendo in mano alcuni elastici per capelli, mi disse: "Te li mando". Quando mi svegliai, ero elettrizzata perché avevo visto Amma che mi aveva detto che mi avrebbe mandato i suoi elastici. Ero certa che il sogno si sarebbe avverato e aspettavo impaziente il ritorno dei miei genitori. A quei tempi non esistevano i telefonini e quindi non potevo chiamare mia madre per raccontarle il sogno.

Al termine del programma di Kolkata, mentre stava per partire, Amma chiamò mia madre, le diede gli elastici e le disse di darmeli. Quando mia madre tornò, me li consegnò. Ero al settimo cielo! Quello che avevo visto in sogno si era avverato.

Amma conosce tutti i nostri pensieri e i nostri dispiaceri ed è sempre con noi. Perché dunque preoccuparsi? Agiamo quindi abbandonandoci al Divino. Quando nascerà in noi questo atteggiamento, proveremo pace e contentezza.

13

L'apertura del cuore

Bri. Niramayamrita Chaitanya

La guerra di Kurukushetra, accaduta più di 5.000 anni fa, è ancora oggetto di discussione. Perché suscita sempre interesse ai nostri giorni? Il campo di battaglia di Kurukshetra è una metafora della mente. Amma dice: "La guerra più feroce è quella che si combatte nella nostra mente. Se vinciamo questa battaglia, nulla potrà mai sconfiggerci". Da un lato sono schierate le forze esigue dei pensieri virtuosi, dall'altro la grande armata dei pensieri non virtuosi. Prima o poi l'Arjuna che è in noi è destinato a scoraggiarsi e a voler gettare la spugna. Fortunatamente, lo stesso *Paramatma* (la Coscienza Suprema), che assunse la forma del Signore Krishna, si è incarnato come la Madre dell'universo. Questo avatar di amore e compassione è con noi per aiutarci a vincere la battaglia contro la nostra natura inferiore.

Il Signore Krishna disse ad Arjuna:

> *ashocyananvashocastvam prajnavadamshca bhashase*
> *gatasunagatasumshca nanushocanti panditah*

Ti affliggi per coloro che non sono da compiangere e tuttavia parli come un saggio. Il saggio non piange né per i vivi né per i morti. (*Bhagavad Gita*, 2.11)

Uno *jnani* (conoscitore della Verità) è sempre equanime e non ha alcun attaccamento. Guarda la vastità del cielo: abbraccia ogni cosa – l'aria, le nuvole, il sole, la luna, le stelle, le galassie e così via – senza sviluppare alcun attaccamento.

Spesso confondiamo il distacco con l'impassibilità. Ho imparato da Amma che il distacco è uno stato di equilibrio mentale, è assoluta equanimità. Solo nei *Mahatma* (anime spiritualmente illuminate) come Amma possiamo notare questo supremo stato di distacco. Amma abbraccia tutti, riversando amore e compassione su chiunque, senza aspettative. Il suo unico scopo è elevarci.

Ricordo una storia che narrò sul vero distacco. Un giorno, un cavallo bello e forte entrò nella scuderia di un allevatore. Nessuno sapeva da dove venisse. Quando i vicini lo seppero, si congratularono con l'allevatore e gli dissero quanto fosse stato fortunato. L'uomo non fece alcun commento e si limitò a sorridere.

Dopo qualche giorno il cavallo scomparve. I vicini espressero il loro dispiacere per l'accaduto. L'allevatore semplicemente sorrise senza dire nulla.

Dopo una settimana, il cavallo tornò con altri cavalli, tutti forti e belli. I vicini si congratularono con l'allevatore: "Come sei fortunato! Ora hai una scuderia con tanti cavalli!". L'uomo sorrise ma rimase in silenzio.

Trascorse qualche giorno. Il suo unico figlio montò uno dei nuovi cavalli. Mentre lo cavalcava, cadde fratturandosi le mani e le gambe. I vicini espressero il loro rammarico: "Che sfortuna! Ahimè, il tuo unico figlio si è ferito gravemente!".

Questa volta l'uomo rispose: "Mio figlio è caduto da cavallo e si è rotto gli arti. Questo è un dato di fatto. Il tempo dirà se è una fortuna o una sfortuna".

La settimana dopo arrivarono nel villaggio i soldati che arruolarono tutti i giovani abili perché il Paese era stato attaccato dal nemico. I vicini commentarono: "Com'è fortunato l'allevatore! Solo suo figlio è sfuggito all'arruolamento".

Così è la vita, piena di gioie e di dolori imprevisti, di colpi di fortuna e di sfortuna. La nostra mente è come gli abitanti di quel villaggio, sempre pronti a interpretare ogni cosa. Amma cerca di renderci calmi e saggi come l'allevatore di cavalli e ci dice che la maggior parte delle persone tende ad oscillare da un estremo all'altro: si libra come un uccello quando è al colmo della gioia e sprofonda come una pietra quando accade qualcosa di spiacevole.

Come i sette colori della luce del sole, la coscienza ha sette virtù: amore, pace, conoscenza, forza, felicità, purezza e serenità. Tuttavia, noi pensiamo erroneamente che l'amore, la pace e la felicità si trovino negli oggetti e nelle persone mentre in realtà sono già dentro di noi. Amma dice che dovremmo essere come una persona *tantedi*, un termine malayali generalmente usato per indicare una persona audace e senza paura. Lei però gli dà anche questo significato: *"tante idattil irikkuka"* (restare in se stessi). Un *bhajan* che canta spesso elabora questo concetto:

> *ullatonnum ullilallatilla mattengum*
> *atu kanditanay ullinullil cellanam nammal*

Ciò che esiste veramente è in noi.
Per coglierlo, dobbiamo guardare dentro di noi.

Nella *Bhagavad Gita*, il Signore Krishna dice ad un Arjuna affranto che tutti coloro per i quali prova dolore non sono il corpo effimero, ma la coscienza eterna. La maggior parte delle nostre sofferenze riguarda questioni passeggere. Anche l'essere separati da Amma può farci soffrire.

Quando mi fu chiesto di svolgere il mio *seva* all'Amrita Vidyalayam (scuola) di Tanur, andai al darshan. Ogni volta che ci andavo, scrivevo alcune righe su un foglio di carta. Quel giorno avevo scritto: "Amma, voglio sempre vederti come ti vedo ora.

Persino quando sarò a Tanur voglio vederti così. Amma, ti prego vieni con me!".

Amma lesse il biglietto e rise. Poi disse: "Dovresti abbracciare i pilastri e le palme da cocco laggiù e, dimentica di tutto, chiamare Amma. Io facevo così".

Nell'udire queste parole, partii felice per Tanur. Quando arrivai nella scuola, guardai ogni palma da cocco e poi pensai: "Se adesso abbraccio le palme, i bambini, gli insegnanti e i genitori potrebbero chiedersi: 'Cos'è successo alla signora? Fino a ieri stava bene'. Così mi dissi: 'Non ora'" e andai nella mia stanza.

Quella sera mi recai come sempre sulla veranda per fare *japa* (ripetizione del mantra). Tutti se ne erano andati ed ero sola. Terminato il *japa*, guardai attentamente i pilastri e poi, correndo verso di essi, li abbracciai stretti, urlando a gran voce: "Amma! Amma!".

Gli spigoli aguzzi mi premevano dolorosamente il corpo. Non riuscivo a sentire la morbidezza, la freschezza né il profumo del corpo di Amma e neppure la beatitudine che proviamo quando ci bacia. Pensai: "Amma si è presa gioco di me" e lentamente ritornai in camera. In seguito pensai: "Amma non direbbe mai nulla di insensato. È a causa della mia limitata comprensione se non sono riuscita a comprendere le sue parole".

Nella *Bhagavad Gita* il Signore Krishna dice:

raso' hamapsu kaunteya prabhasmi shashisuryayoh pranavah
sarvavedeshu shabdah khe paurusham nrshu

O Arjuna, io sono il sapore nell'acqua, la luce nel sole e nella luna, la sillaba 'Om' nei Veda, il suono nell'etere e la virilità negli uomini. (7.8)

Forse Amma stava cercando di dirmi di vederla come la quintessenza di ogni cosa. Un altro elemento importante che lei sottolinea sempre è *shraddha* (attenzione). La verità è che, per quanto possiamo essere attenti, anche le azioni degli altri possono creare problemi nella nostra vita. Ad esempio, Amma dice che pur guidando con attenzione, un automobilista distratto può urtarci con la sua macchina e ferirci. Ricordo un fatto avvenuto nell'Amrita Vidyalam di Tanur nel 2010.

Dopo aver superato gli esami del biennio delle superiori, un allievo, figlio di un insegnante che insegnava da noi da molto tempo, fece domanda di ammissione agli anni successivi nella nostra scuola. Quando arrivò l'attestato, ci accorgemmo che la sua data di nascita era sbagliata. La persona che aveva inserito i dati online aveva commesso un errore. Per correggerlo dovevamo contattare l'ufficio del CBSE (Central Board of Secondary Education) a Chennai e l'intera procedura avrebbe richiesto parecchio tempo.

Presa dagli impegni, mi dimenticai di seguire la cosa. Lo studente si presentò agli esami di ammissione all'ultimo anno delle superiori e al college e li passò entrambi. Fu anche ammesso a un corso di laurea in ingegneria informatica vicino a casa. Tuttavia, poiché il suo attestato non era corretto, l'università gli concesse un'ammissione temporanea. Avrebbe dovuto presentare il certificato corretto entro 15 giorni altrimenti l'ammissione sarebbe stata annullata.

Ero tesa. La direttrice della scuola Amrita Vidyalam di Ernakulam, Swamini Bhaktipriyamrita, mi aiutò tantissimo. Chiese alla direttrice dell'Amrita Vidyalam di Chennai di andare nell'ufficio CBSE per controllare se la correzione era stata fatta. Ottenne persino il numero di telefono del segretario del CBSE e me lo passò. Iniziai a chiamarlo quotidianamente. Dopo qualche giorno, il funzionario si irritò e mi disse che non amava essere disturbato in continuazione, soprattutto sul numero di cellulare personale.

Trascorsero dieci giorni. L'undicesimo giorno era un sabato. La madre dello studente venne da me e mi avvertì dicendo che suo marito era furioso. Aggiunse che era stato un militare e che la stava incolpando di avere messo a repentaglio il futuro del figlio iscrivendolo all'Amrita Vidyalam.

Non dissi nulla, ma guardai la foto di Amma, invocando mentalmente il suo aiuto. L'indomani era domenica. Passai l'intera giornata a pregare Amma: "Amma, è in gioco la reputazione della scuola. La gente dirà che abbiamo rovinato il futuro del ragazzo a causa della nostra negligenza. Amma, è un bravo ragazzo. Ti prego aiutalo!".

Quando arrivarono i corrieri il lunedì, corsi loro incontro... ma non c'era nulla. Quella sera la madre del ragazzo venne da me e disse: "Mio marito verrà qui domani. Signora, non se la prenda con me se le parlerà bruscamente".

L'immagine di un soldato ubriaco con i baffi a manubrio apparve nella mia mente. Ero così impaurita che quella notte non riuscii a dormire.

Sorse l'alba di martedì. "Se il ragazzo non riceve quell'attestato oggi", pensai, "domani annulleranno la sua ammissione al college". Decisi di chiamare il segretario del CBSE. Pensai che fosse comunque giunto il giorno della mia condanna e quindi cosa sarebbe potuto accadere se mi avesse urlato contro al telefono? Lo chiamai. Rispose al telefono e prima che potessi parlare disse: "Signora, ho inviato l'attestato. Lo riceverà oggi".

Non avevo parole per esprimere la mia gioia. Corsi nella stanza della *puja* e ringraziai Amma profusamente. Mi accordai con l'ufficio postale affinché inviasse con la massima urgenza l'attestato all'insegnante.

Quella sera, il marito della donna mi chiamò per ringraziarmi. Mi disse: "Signora, ho riacquistato la mia fede in Amma. È solo grazie al potere di Amma che oggi abbiamo ottenuto l'attestato".

Il giorno seguente, lui e i suoi familiari vennero a scuola e offrirono olio, stoppini, incenso, grandi pacchetti di mandorle, pistacchi e anacardi, penne e lenzuola sull'altare di Amma. Nella prima settimana di agosto, dopo che Amma era tornata dal suo tour estivo, mi recai al darshan con questo messaggio e un pacchetto di mandorle: "Amma, per la tua grazia infinita, l'attestato di quel ragazzo è arrivato in tempo. Per esprimere la loro felicità, la famiglia ha portato mandorle, pistacchi, anacardi, penne e lenzuola. Ho preso le penne. Ho messo i pistacchi e gli anacardi davanti alla tua foto durante la *puja*. Dopo la *puja*, li ho mangiati. Le lenzuola aspettano il tuo arrivo a Tanur. Questo pacchetto di mandorle è per te!".

Amma lesse il messaggio ad alta voce e scoppiò a ridere. Poi mangiò qualche mandorla. Quando Amma venne a Tanur nel 2014, soggiornò nella nostra scuola e usò il letto preparato con quelle lenzuola.

Questo fatto mi ha insegnato che un errore di distrazione può avere ripercussioni negative sugli altri. In questo caso, solo la grazia di Amma ci ha salvati.

Lasciate ora che vi racconti come io e le mie due sorelle maggiori siamo entrate a far parte dell'ashram. Nel dicembre 1986, Amma tenne un programma al tempio di Siva di Moothakunnam. Frequentavo la terza media e, poiché avevo gli esami, non potevo recarmi al tempio. Dopo il programma, Amma fece visita a due case vicino alla nostra. La vedemmo per la prima volta in una di quelle case. Per quanto mi risulta, i membri di quella famiglia non andarono mai più a vederla dopo quella visita. Per questo motivo siamo convinte che Amma si fosse recata là per vedere noi!

I nostri genitori ci portavano da Amma ogni volta che lei visitava i luoghi vicini, ci compravano anche le foto di Amma e molte cassette di *bhajan*. Dopo uno o due darshan, desideravamo vedere Amma sempre di più e trascorrevamo ore e ore ad ascoltare i suoi *bhajan*. Quando nostro padre vide questo cambiamento in noi, cambiò atteggiamento. Fece sparire le cassette e le foto e ci fu severamente proibito di andare a trovare Amma col risultato che cominciammo ad andare da lei a sua insaputa.

Mio padre lavorava fuori dal Kerala e tornava a casa solo una o due volte l'anno. Quando era via, assillavamo nostra madre perché ci lasciasse vedere Amma; andammo da lei perfino a sua insaputa. A volte dicevamo di avere lezioni aggiuntive o ripetizioni. La mamma diceva che stava per andare a trovare i parenti e spesso ci trovavamo insieme in fila per il darshan di Amma! Sebbene mentissimo per vedere Amma, lei ci accoglieva come se ci aspettasse da tanto tempo. Ogni volta diceva: "Oh, le mie figlie sono arrivate!".

Una volta venimmo a sapere che avrebbe inaugurato il tempio dell'ashram di Kaloor. Poiché nostro padre non era a casa, insistemmo con la mamma finché non cedette. Avremmo voluto mangiare prima di partire, ma quando glielo chiedemmo, lei rispose: "Io non sono vostra madre, giusto? Sarà *vostra* madre a darvi da mangiare!".

A queste parole, anche noi ci impuntammo e partimmo digiune. Arrivammo a Kaloor. Al termine del programma e del darshan, Amma si recò nella sua stanza. Noi aspettammo di sotto. Il nostro piano era di andarcene dopo la partenza di Amma. A quel punto eravamo terribilmente affamate. All'improvviso arrivò *brahmacharini* Leelavati (ora Swamini Matrupriya) che ci chiese: "Perché siete così pallide? Siete stanche? Venite, andiamo su. C'è del cibo per noi".

Ci portò di sopra. Lì gustammo un ricco pranzetto con due tipi di *payasam* (budino)!

Quando tornammo a casa dicemmo trionfanti a nostra madre: "Amma ci ha offerto un banchetto con due tipi di *payasam*!".

Anche se inizialmente i nostri genitori si opposero al nostro ingresso nell'ashram, alla fine cambiarono idea. Nel 2005, a nostra madre fu diagnosticato un cancro all'utero al terzo stadio. Per nostro padre e per nostra sorella che viveva con loro fu un colpo terribile. I medici esclusero un intervento chirurgico e prescrissero 24 cicli di radio e chemioterapia. Ogni volta che mia madre o mia sorella chiamavano, cercavo di consolarle e di infondere loro coraggio raccontando le storie che Amma ci narrava, compresa quella dell'allevatore di cavalli. Visualizzavo anche Amma seduta vicino a mia madre mentre le accarezzava la testa e le parti del corpo colpite dal tumore. Ogni volta che mi sentivo triste ricorrevo a questa visualizzazione per trovare un po' di sollievo.

Iniziò il trattamento. Sebbene mi informassi su come stava la mamma, non feci mai domande sulla radioterapia o sulla perdita di capelli, un effetto collaterale inevitabile. L'ultimo giorno della terapia andammo da lei all'ospedale AIMS. Mi ero immaginata di trovarla in condizioni pietose e avevo deciso di non mostrarle la mia angoscia.

Con mia grande sorpresa, la mamma era in forma: non aveva perso i capelli e non aveva cicatrici da radiazioni! Ebbi la sensazione che Amma doveva averla accarezzata durante il trattamento, proprio come avevo visualizzato. Sono trascorsi più di quindici anni e mia madre è ancora viva, in salute e felice. Un grazie immenso ad Amma per le sue infinite benedizioni!

Per dare significato alla nostra vita dovremmo diventare uno strumento nelle mani di Amma. Dovremmo vedere le esperienze amare come opportunità per imparare lezioni importanti. Forse faremo degli sbagli, ma dobbiamo riuscire a correggere i nostri errori e andare avanti. Più importante di ogni altra cosa è riuscire ad aprire completamente il nostro cuore ad Amma. Qualunque sia la crisi che ci troviamo ad affrontare, teniamoci stretti ai suoi sacri piedi. Possa Amma benedirci accordandoci tutte queste qualità.

14

L'abbandono

Br. Mukundamrita Chaitanya

La *Bhagavad Gita* spiega concisamente come giungere alla conoscenza del Sé.

> *tadviddhi pranipatena pariprashnena sevaya*
> *upadekshyanti te jnanam jnaninastatva-darshinah*

Rendendo omaggio, servendo e ponendo costantemente domande a coloro che hanno realizzato la Verità, essi ti istruiranno nella Conoscenza. (4.34)

La *Mundakopanishad* illustra la pienezza della Conoscenza del Sé:

> *kasmin nu bhagavo vijnate sarvam idam vijnatam bhavati iti.*

Qual è la cosa che, conosciuta, permette di conoscere tutto? (1.1.13)

Il Signore Krishna dichiara anche:

> *na hi jnanena sadrsham pavitramiha vidyate*

In questo mondo non c'è nulla che purifichi quanto la divina Conoscenza. (*Bhagavad Gita*, 4.38)

Il Guru impartisce la conoscenza che non può essere insegnata. Attraverso il silenzio, trasmette ciò che non può essere spiegato a parole. Solo un discepolo che è umile, devoto e che si è abbandonato può riceverla. Perché possa risvegliarsi tale conoscenza, bisogna che sia interiormente in sintonia con il Guru. Nel *Mahabharata*, Ekalavya imparò l'arte del tiro con l'arco dal suo maestro Dronacharya creando con l'argilla una statua del suo Guru, la venerò e apprese come autodidatta tutte le complessità e le tecniche del tiro con l'arco senza avere mai interagito fisicamente con il maestro. Se amiamo veramente il nostro Guru, tutta la conoscenza fluirà in noi. Se abbiamo umiltà, dedizione e purezza, attrarremo la sua grazia. Un bambino piccolo si abbandona alla madre, consapevole di non poter far nulla senza di lei. Il compito del Maestro è quello di distruggere la concezione errata che i nostri progetti hanno successo grazie alla nostra abilità. Egli ci aiuta a comprendere che non possiamo fare nulla solamente con la nostra volontà.

Si può insegnare o apprendere qualsiasi cosa che riguardi il mondo esterno, ma è il Guru che può trasmettere la conoscenza di ciò che è eterno. Lo insegna attraverso il silenzio. Praticando per lungo tempo la contemplazione e la meditazione, il discepolo comprende i suoi insegnamenti. Quando fu chiesto a un maestro spirituale chi fossero i suoi familiari, lui rispose:

satyam mata pita jnanam dharmo bhrata daya sakha
shantih patni kshama putrah shadete mama bandhavah

La Verità è mia madre, la conoscenza mio padre, la retta condotta mio fratello, la compassione il mio amico, la calma (pace) mia moglie e il perdono mio figlio. Questi sei sono i miei cari.

Queste sono anche le qualità che un aspirante spirituale deve coltivare. La conoscenza divina sorge solo in chi è puro di cuore. Il discepolo dev'essere abbastanza umile da permettere al fiume di conoscenza del Guru di toccarlo. Più che prostrarsi fisicamente davanti al Maestro, ciò che conta è lo stato mentale del discepolo: questa è la vera offerta ai piedi del Guru.

Il discepolo può attingere alla sua saggezza interrogandolo umilmente. Dalle sue domande, il Guru può comprenderne lo stato d'animo e quindi rimuovere le sue negatività e condurlo sulla retta via. Ecco perché molte Scritture dell'induismo si presentano sotto forma di dialogo tra maestro e discepolo. Gradualmente, il discepolo viene innalzato al livello del Guru.

Anni fa, un ingegnere chiese ad Amma: "Dio esiste?".

Amma rispose: "È come chiedere se la lingua esiste usando la lingua. Figlio, che cosa stai cercando?".

Il giovane disse: "Se Dio esiste, sono così arrabbiato con Lui che vorrei ucciderlo!".

"Perché?" chiese Amma.

"In questo mondo, milioni di persone sono malate e povere, mentre altre sono in buona salute e ricche. Nella catena alimentare, ogni creatura è cibo per un altro essere vivente. Quanto è crudele il mondo! Sono arrabbiatissimo con Dio. La sua creazione è spietata. Vorrei ucciderlo!".

Amma rispose: "Tu piaci molto ad Amma. Non sei arrabbiato con Dio per motivi egoistici, ma perché provi compassione per gli altri. Dio non punisce nessuno. Siamo noi a punire noi stessi. Sono i nostri pensieri errati e le nostre cattive azioni che ci tornano indietro come karma negativo. Ogni azione ha una reazione equivalente".

La domanda seguente del ragazzo fu: "Tu sei Dio?".

Amma rispose: "Io sono una ragazza folle! Sono qui perché nessuno mi ha messo in prigione. Amma non sta dicendo che devi credere in Dio o in Amma. È sufficiente che tu creda in te stesso".

Come un albero che giace dormiente nel seme, la coscienza divina è presente in ogni oggetto senziente e insenziente dell'universo. Con la giusta conoscenza, le preghiere, le azioni e i pensieri adeguati, possiamo elevarci allo stato del Divino. Attraverso la *sadhana* (pratiche spirituali) e con la grazia del Guru possiamo risvegliare le nostre qualità divine. Dio si incarna per aiutarci in questo compito.

Quando il giovane che aveva posto le domande si rese conto che Amma impersonava innumerevoli virtù divine, entrò a far parte del suo ashram. Questo ragazzo è ora Swami Purnamritananda Puri.

Il *seva* non è solo lavoro fisico. Servire veramente il Maestro significa vivere secondo i suoi insegnamenti e lavorare su se stessi per cambiare.

Dopo aver raggiunto l'illuminazione, Buddha ebbe molti seguaci, tra cui diversi suoi parenti. Uno di loro era Ananda, suo cugino. Ananda disse a Buddha: "Signore, ho una richiesta da farti: voglio stare con te e servirti in ogni momento. Mi prenderò cura dei tuoi bisogni".

Buddha acconsentì, ma aggiunse: "Non dovrai mai imporre nessuna condizione al tuo Guru. Farlo, nuocerà alla tua crescita spirituale". Da quel momento, Ananda fu sempre con Buddha. Per grazia del Signore, molti discepoli realizzarono il Sé. Ananda ne fu testimone perché era sempre con Buddha.

Un giorno, un discepolo di diciassette anni che aveva iniziato a vivere con Buddha solo l'anno prima fece l'esperienza di *bhava samadhi*, uno stato di estasi devozionale. Vederlo scosse profondamente Ananda che, cadendo ai piedi di Buddha, scoppiò a piangere. "Signore", disse, "quel ragazzo è arrivato appena un anno fa e ha raggiunto questo stato divino. Anche molti altri lo hanno raggiunto con la tua grazia. Io sono con te ogni momento della giornata da 46 anni. Perché non ho avuto nemmeno un assaggio di tale stato?".

Buddha sorrise e rispose: "Caro Ananda, tu ti sei preso cura solo del mio corpo fisico senza assimilare nessuno dei miei insegnamenti. Hai pensato a me come a questo corpo, convinto di poter ottenere quello stato spirituale in una sorta di baratto. Io ho raggiunto quello stato attraverso il mio sforzo e la mia ricerca. Anche tu puoi fare lo stesso".

E poi proseguì dicendo: "Diventa una luce per te stesso. Capirai la Verità se ti abbandoni alla luce interiore, alla luce della conoscenza. Essa è la vera natura di tutti gli esseri, la luce di tutte le luci".

A un certo punto della nostra vita, Amma ha benedetto tutti noi con diverse esperienze divine. Incontrai Amma per la prima volta a Kodungallur nel 1988, durante i festeggiamenti nel tempio Brahmasthanam. Da allora cominciai ad andare regolarmente ad Amritapuri. Nel 1992 entrai a far parte del corpo insegnante dell'Amrita ITC (Industrial Training Centre) di Puthiyakavu. Nel 1995, per grazia di Amma, venni a vivere nell'ashram. Amma mi assegnò un *seva* in tipografia. Insieme a br. Babu (ora Swami Dharmamritananda) ero addetto alla manutenzione di tutti i macchinari. Lui si prendeva cura della parte meccanica e io di quella elettrica ed elettronica.

Un giorno, dopo l'*archana* del mattino, br. Sreekumar (ora Swami Gurupadasritananda) mi disse di andare subito in stamperia perché la tagliatrice non funzionava. Mancavano solo due giorni alla pubblicazione della rivista Matruvani e avevamo solo quella tagliatrice. Quando la accesi, sentii strani rumori provenire dalla scheda madre. Poiché la macchina era stata costruita e programmata in Giappone, non sapevo come ripararla. Se avessimo chiamato un tecnico dell'assistenza, avremmo dovuto aspettare almeno una settimana. Inoltre, il costo del servizio sarebbe stato astronomico. Passai l'intera giornata a cercare di individuare il problema. Tutti quelli che mi stavano aiutando andarono ai *bhajan* della sera. Sentendomi totalmente impotente, rivolsi una preghiera ad Amma: "Cosa devo fare Amma? Non sono riuscito a risolvere il problema".

All'improvviso Amma entrò in tipografia! "Figlio, sei qui tutto solo? Cos'è successo alla macchina?", chiese. Le spiegai la situazione. Dopo aver sbirciato nella macchina disse: "È piena di polvere". Amma pulì qualcosa sulla scheda madre e poi, accarezzandomi dolcemente il petto, aggiunse: "Non preoccuparti, figlio. Riprova. Andrà tutto bene". E così dicendo se ne andò.

Le parole e il tocco di Amma infusero in me nuova energia ed entusiasmo. Rimasi seduto in silenzio per un po'. Poi mi venne da pensare: perché Amma ha toccato solo una scheda quando ce ne sono 18 simili? Decisi di concentrarmi sulla scheda che aveva toccato. Sebbene fosse difficile smontarla, in qualche modo ci riuscii. Controllandola, notai, con mia grande sorpresa, che mancava un contatto. Dopo averlo ripristinato, la macchina iniziò a funzionare! Con un solo sguardo Amma aveva capito quello che io non ero riuscito a comprendere in otto ore di duro lavoro. Quella sera mi resi conto di quanto sia vera l'affermazione di Amma: ciò che porta lo sforzo al successo è la grazia divina.

Il giorno dopo andai da Amma e le dissi che la macchina funzionava. Come se non sapesse nulla, mi chiese: "Qual era il problema?".

"Il problema era quello indicato da Amma", risposi.

Amma sorrise e disse: "Ho solo dato un'occhiata alla macchina, tutto qui".

Se cerchiamo di svolgere il nostro lavoro con sincerità, dedicando ogni nostra azione ad Amma, lei ci aiuterà sempre. Questa è la lezione che imparai in questa situazione. Possa Amma sempre operare attraverso di noi. Possa la sua grazia proteggerci tutti.

15

Shraddha

Br. Kirtanamrita Chaitanya

Forse l'insegnamento più importante di Amma è avere *shraddha* (consapevolezza). Amma dice: "Dovremmo essere consapevoli di ogni nostra parola, azione e pensiero. La maggior parte delle persone passano la vita a rimuginare sul passato e a preoccuparsi del futuro. Essendo la loro mente molto dispersa, non sono in grado di rivolgere l'attenzione su nulla di ciò che fanno e finiscono per essere perdenti invece che vincitori.

Amma parla spesso della disciplina che sua madre, Damayanti-amma, le imponeva quand'era piccola: "Mentre mondava il riso, Damayanti-amma non lasciava cadere nemmeno un chicco. Diceva che bisognava rispettare gli sforzi di chi l'aveva coltivato". Amma dice anche: "Bisognerebbe lavare le pentole così bene da riuscire a vedere il nostro riflesso, come fossero specchi. Ogni nostra azione dovrebbe essere compiuta con questa consapevolezza e rigore".

Shraddha significa anche fede, in particolare nel Guru e nelle sue parole. Il Signore Krishna dice:

> *shraddhavan labhate jnanam tatparah samyatendriyah*
> *jnanam labdhva param shantim acirenadhigacchati*

Ottiene la conoscenza chi è pieno di fede, devozione e ha domato i sensi. Avendola acquisita, raggiunge in poco tempo la pace suprema. (*Bhagavad Gita*, 4.39)

Questo versetto sottolinea le qualità necessarie per progredire nella vita spirituale: *shraddha* (fede), *tatparah* (devozione) e *indriya samyamana* (controllo dei sensi). Nel *Vivekachudamani* ('Il sommo gioiello della discriminazione'), Sri Shankaracharya definisce *shraddha* in questo modo:

> *shastrasya Guruvakyasya satyabuddhyavadharanam*
> *sa shraddha kathita sadbhiryaya vastupalabhyate*

> *Shraddha* è la convinzione che le Scritture e gli insegnamenti del Guru sono conformi alla verità. È lo strumento che ci permette di conoscere la Realtà. (25)

Per imparare qualcosa, occorre qualcuno che ce lo insegni. E questo vale anche nella vita spirituale. Chi conosce la Verità ultima è uno *jnani* e chi guida il ricercatore verso di essa è un Guru. "Gu" indica l'oscurità e "ru" la luce. Il Guru disperde le tenebre dell'ignoranza e ci guida verso la luce della saggezza.

Un giorno un discepolo si avvicinò al Guru e gli chiese come trovare Dio. Il Guru disse: "Ti mostrerò come fare. Disegnerò l'immagine di una persona. Se riesci a trovare chi ho ritratto, vedrai Dio in lui".

Il Guru fece un disegno e lo diede al discepolo, che si mise a cercare ovunque la figura del ritratto. Non riuscendo a trovarla, tornò dal maestro e gli confessò l'insuccesso. Il maestro ne disegnò un'altra e la diede al discepolo, che riprese la sua ricerca. Anche questa volta non riuscì a trovare colui che corrispondeva all'immagine. La cosa andò avanti per un bel po'. Alla fine il discepolo si spazientì ed esclamò: "Maestro, ho cercato in lungo e in largo ma non ho trovato nessuna delle persone che hai disegnato. Mi hai ingannato! Io voglio davvero vedere Dio. Ti prego, mostrami come".

A queste parole, il Guru rispose: "Va bene. Siediti qui" e poi disegnò il ritratto del discepolo. Vedendolo, il discepolo esclamò: "Ma questo sono io!".

Il Guru rispose: "Sì, proprio così. Dio, Quello che tu cerchi, dimora dentro di te. Non devi far altro che prenderne consapevolezza".

Quando non stiamo bene, andiamo da un medico e prendiamo le medicine che ci prescrive. Avere fede nel medico e ubbidire alle sue prescrizioni assumendo le medicine ci guariscono. Allo stesso modo, per guarire da *bhava roga*, dal male della mondanità, dobbiamo rivolgerci a un Guru e ubbidirgli. La fede nel Guru ci conduce alla luce della saggezza spirituale.

Il Signore Krishna dice che ci sono tre tipi di *shraddha*:

trividha bhavati shraddha dehinam sa svabhavaja
sattviki rajasi caiva tamasi ceti tam shrnu

Nelle anime incarnate, la fede è legata alla loro natura ed è di tre tipi: *sattvica* (pura), *rajasica* (passionale) e *tamasica* (ottusa). (*Bhagavad Gita*, 17.2)

La fede sattvica porta a Dio. Sviluppare tale fede fa parte di un processo evolutivo. Amma lo afferma nel canto "Oru nimisham enkilum krimiyay puzhuvay izhayunna jantukkal palatay paravakal mrgavumayi...": "Nella scala evolutiva, essendo nato come verme, creatura strisciante, uccello e animale...".

Nascere come essere umano, il gradino più alto nell'evoluzione, ha un valore inestimabile. Mentre tutte le altre creature vivono seguendo i loro istinti, l'uomo è il solo ad avere la facoltà del discernimento. Solo noi possiamo discernere tra virtù (che genera *punya*) e vizio (*papa*). Per trasformare la natura umana in divina bisogna varcare l'oceano del *samsara* (vita mondana). Se fossimo lasciati a noi stessi, annegheremmo. C'è però una barca che può portarci sull'altra riva. Dobbiamo solo salirci sopra e sedere in silenzio. Il barcaiolo è il Guru che ci farà attraversare l'oceano.

Mentre stava per atterrare, un aereo incontrò improvvisamente una turbolenza. "Allacciate le cinture di sicurezza!", annunciò il comandante al microfono. I passeggeri erano terrorizzati. Un uomo vide che il ragazzo seduto vicino a lui guardava fuori dal finestrino rilassato. Non sembrava assolutamente spaventato. Dopo un po', il comandante riuscì in qualche modo ad atterrare. L'uomo chiese al ragazzo: "Non hai avuto paura?".

Il ragazzo sorrise e disse: "No. Il comandante è mio padre. Sapevo che sarebbe atterrato senza problemi e che non avrebbe permesso che mi facessi male".

Dovremmo essere come questo ragazzo: avere fede che, qualunque sia il problema, il nostro Guru si prenderà cura di noi. Con un tale atteggiamento, non avremo paura né ci faremo prendere dai dubbi in nessuna circostanza.

Durante un concerto, il cantante modula la sua *shruti* (intonazione) sul *tamburu* (bordone). Allo stesso modo, ciò che conferisce armonia alla vita di un ricercatore spirituale è la sintonia e l'adesione agli insegnamenti del Guru.

La musica mi ha avvicinato ad Amma. Ho avuto la fortuna di suonare per lei le tabla (tamburi indiani) in molte occasioni.

Quando ero uno studente e non vivevo ancora nell'ashram, un giorno accompagnai il mio insegnante di tabla nello studio di registrazione del maestro Devarajan, un rinomato compositore. A quel tempo, il livello tecnologico di questi studi era tale che tutto, sia la musica orchestrale che il canto, veniva registrato simultaneamente. Se qualcuno sbagliava, bisognava ricominciare da capo. Era quindi fondamentale che tutti prestassero estrema attenzione. Il maestro Devarajan era un direttore d'orchestra severo che ispirava ai musicisti timore e al tempo stesso riverenza.

Di conseguenza, la maggior parte dei suoi brani veniva registrata un'unica volta. Ricordo ancora quei musicisti seduti nello studio con estrema *shraddha* e umiltà. In seguito, molti di loro sono diventati famosi, indubbiamente grazie alla loro attenzione e ricettività.

Ricevetti una formazione simile quando iniziai a suonare le tabla durante le registrazioni con Amma. Registrare con lei è un'esperienza intensa. Prima del suo arrivo, i cantanti e i musicisti devono esercitarsi per eseguire perfettamente i *bhajan*. Amma deciderà poi quale canto registrare. Dobbiamo essere completamente concentrati. Durante la registrazione, Amma potrebbe chiedere che una particolare strofa sia ripetuta più volte. Nessuno può prevederne il numero e quando passerà alla strofa successiva. L'indicazione di iniziare la battuta seguente arriva spesso all'ultimo momento e il musicista dev'essere pronto a questo passaggio.

Amma dice: "Non sono una cantante", ma il suo talento e la sua conoscenza della musica sono strabilianti. Non ho mai incontrato nessun'altra cantante che cantasse in così tante lingue e melodie così diverse. Anche la sua memoria è eccezionale. Anche dopo anni dalla sua registrazione, Amma interpreta il *bhajan* ancora alla perfezione. Gli altri musicisti dimenticano spesso la melodia, ma non Amma. Questo mostra perfetta *shraddha*.

Una volta ebbi l'opportunità di incontrare parecchi cantanti famosi. I miei amici mi presentarono come un *brahmachari* che suona le tabla con Amma. Questi artisti erano molto curiosi di conoscere i *bhajan* di Amma e come venissero registrati. Quando condivisi con loro le mie esperienze, rimasero stupefatti perché, pur essendo professionisti, si esercitano a lungo prima di registrare un brano. Sostenevano che solo chi possiede una comprensione e una consapevolezza straordinarie può imparare e registrare i brani in una sola sessione. "Amma è la dea della consapevolezza!"

esclamarono. Queste parole mi fecero sentire molto fiero. Ritengo che suonare le tabla con Amma sia una delle più grandi benedizioni della mia vita.

Oltre a suonare le tabla, Amma mi ha incaricato di gestire la mensa degli studenti nel campus dell'Università Amrita di Mysore. Il mio allenamento sulla consapevolezza continua anche qui. Una mia collega è una *brahmacharini* che lavora sodo. Vedendo il suo impegno, mi sento spesso in colpa di non fare altrettanto. Una volta le dissi: "Sorella, abbiamo molta gente che ci aiuta, non c'è bisogno di lavorare così tanto!", ma lei non mi diede retta. Alla fine ne parlai ad Amma, che rispose: "È un'anima che ha un grande spirito di sacrificio!". A queste parole, provai gelosia e risposi: "Anch'io lavoro molto duramente!". Amma sorrise e disse: "Bene! Questo ti aiuterà a ridurre la pancia!". E poi aggiunse: "Un *brahmachari* non dovrebbe mai essere pigro e sbadato, ma sempre consapevole e sveglio". Da allora svolgo il mio *seva* in cucina più diligentemente.

Dopo un po' ritenni di aver imparato tutto quello che c'era da imparare e di poter gestire tutto da solo. In quel periodo Amma venne a Kannur per dei programmi. Mentre suonavo le tabla per Swamiji (Swami Amritaswarupananda) ricevetti un sms sul mio telefonino in cui mi dicevano che erano sorti dei problemi legati al cibo nel campus di Mysore. Pochi minuti dopo, Amma, che stava dando il darshan, mi chiamò al suo fianco. Aveva saputo che gli ispettori sanitari si stavano recando al campus di Mysore per un'ispezione e mi chiese di recarmi immediatamente sul posto. Le dissi: "Amma, ho paura. Non voglio tornare indietro".

Amma mi tranquillizzò. "Figlio, non avere paura. Armati di coraggio e vai. Vai anche solo per un giorno. Puoi venire al prossimo programma a Palakkad. Quella *brahmacharini* è completamente sola". Quando lo seppi, provai amarezza pensando che Amma si preoccupasse solo della *brahmacharini*.

Giunsi a Mysore di prima mattina. Arrivarono tre ispettori dell'Ufficio di Igiene. Uno di loro disse: "Questa è l'istituzione di Amma. Sappiamo che qui non ci sono problemi". Tuttavia un altro ispettore insistette per controllare tutto. Perlustrarono ogni angolo della cucina senza riuscire a trovare nulla di irregolare. Alla fine dissero: "Ci scusiamo per il disturbo" e se ne andarono. Solo allora capii cosa intendeva Amma quando disse che avrei potuto partecipare al programma successivo.

Vidi Amma per la prima volta quando frequentavo il biennio delle superiori. Quell'anno avrei rappresentato il distretto di Kozhikode nella gara di tabla durante il Festival dei giovani a cui partecipavano gli studenti. Mio padre, un devoto di Amma, mi portò al suo programma di Kozhikode per ricevere la sua benedizione. Quando andai al darshan, Amma mi diede un *rava laddu* (pallina di semola dolce) come *prasad*. Quando vidi che Amma dava caramelle agli altri, considerai il mio *prasad* una benedizione speciale. Quell'anno vinsi il secondo premio nel concorso di tabla.

Prima ancora di frequentare l'università, suonare le tabla divenne la mia professione. Cominciai a ricevere inviti a suonare in vari concerti e lentamente cambiai. Presi delle cattive abitudini. Cercando di farmele abbandonare, i miei genitori mi costrinsero ad andare a Mysore ad aiutare mio fratello maggiore nella sua attività. Lì ci iscrivemmo ad un corso di istruzione superiore. In questo college conobbi molti musicisti. Iniziai a frequentarli e a suonare con loro ai concerti. In poco tempo ripresi le cattive abitudini.

Fu allora che venni invitato a suonare le tabla in un programma che si teneva nello Sri Ramakrishna Math. Nel Math acquisii una maggiore conoscenza dei *Mahatma* (anime spiritualmente illuminate), dei Guru e dei *sannyasi*. (Anche se avevo incontrato

Amma, non sapevo molto di lei o del suo ashram). Lentamente mi avvicinai ai monaci del Ramakrishna Math e grazie al loro influsso le mie cattive abitudini scomparvero una dopo l'altra. In quel periodo, mentre attraversavo la città di Mysore, vidi un manifesto che annunciava la visita di Amma a Mysore. Ricordando il mio darshan precedente, decisi di incontrarla. Quando andai al darshan, Amma mi conquistò completamente e capii che era il mio Guru. Da allora presi a frequentare regolarmente il suo ashram di Mysore e cominciai anche a visitare spesso Amritapuri.

Fu in questa fase della mia vita che fui assalito da una febbre costante. Nonostante avessi consultato molti medici, le mie condizioni non miglioravano, anzi, peggioravano. Ne parlai con Amma, che mi chiese di andare subito all'ospedale AIMS. Quando mi visitarono, i medici scoprirono che i miei polmoni erano compromessi a causa delle mie cattive abitudini passate. Mi consigliarono di sottopormi immediatamente ad un intervento chirurgico.

Purtroppo non avevo abbastanza soldi per l'intervento. L'ashram di Amma di Mysore promise di aiutarmi ad ottenere un'agevolazione dall'AIMS. Nel frattempo, mi recai di nuovo ad Amritapuri per il darshan di Amma. Mentre ero lì, la vidi parlare con due *brahmacharini*, ma non capii cosa stesse dicendo loro. Tornai a casa per cercare di ottenere un prestito da amici e parenti per l'operazione poiché la mia famiglia non aveva abbastanza denaro. I miei genitori mi consolarono dicendo che Amma mi avrebbe sicuramente aiutato.

In questo frangente, un amico mi assicurò che si sarebbe preso cura delle spese mediche. Tuttavia, conoscendo la mia natura, disse che non mi avrebbe dato nessun denaro e che avrebbe pagato direttamente l'ospedale. Fui ricoverato all'AIMS e l'intervento ebbe successo. Il giorno delle mie dimissioni, il mio amico fu invitato a contattare il servizio di assistenza ai pazienti. Brahmacharini Rahana, responsabile del servizio, gli chiese perché non li avessimo informati del mio intervento e aggiunse che Amma le aveva dato personalmente istruzioni di non addebitarci nemmeno un centesimo. Sorpreso, il mio amico si precipitò a riferirmi le parole di Amma. Ascoltandole, non riuscii a controllare l'emozione e scoppiai in singhiozzi. Sentendo le mie grida, le infermiere accorsero e chiesero cosa fosse successo perché di solito i pazienti sono felici quando sanno di essere dimessi. Spiegai loro che ero rimasto così toccato dalla compassione di Amma che non riuscivo a non piangere. Compresi inoltre che Amma aveva ristabilito la fede e la devozione dei miei genitori nei suoi confronti.

Quando andai all'AIMS per un controllo, i medici mi chiesero quale fosse la mia professione. Risposi che suonavo le tabla. Mi consigliarono di ridurre le mie esibizioni perché avrebbero potuto nuocere alla salute dei miei polmoni. Quando raccontai ad Amma la raccomandazione dei medici, mi chiese di restare nell'ashram di Mysore e di continuare a suonare le tabla lì.

Recentemente, durante una registrazione di "Omkara Divya Porule" ho suonato ininterrottamente per oltre tre ore. È solo merito della grazia di Amma se ci sono riuscito. Mi è sempre più chiara l'importanza di avere un Guru nella vita. Possa la grazia di Amma aiutarci a progredire nel cammino spirituale.

16

Equanimità

Bri. Ameyamrita Chaitanya

Cos'è lo yoga? Ciò che unisce. Qual è la differenza tra i normali esercizi fisici e l'*hatha yoga*? Se l'osserviamo dall'esterno, l'*hatha yoga* può essere visto come una serie di posture fisiche. Tuttavia, ciò che lo distingue dalle altre forme di esercizio fisico è il suo fine: lo yoga mira ad elevare la mente ad uno stato di totale consapevolezza unendo i movimenti fisici con il respiro. Così, a livello grossolano, lo yoga è l'unione della mente con il corpo e il *prana* (soffio vitale).

Esistono altre definizioni di yoga. La *Bhagavad Gita* ne offre diverse. Una di esse si trova nel verso seguente:

> *yogasthah kuru karmani sangam tyaktva dhananjaya*
> *siddhyasiddhyoh samo bhutva samatvam yoga ucyate*

Stabilito nello yoga, o Arjuna, agisci senza attaccamento, rimanendo equanime nel successo e nell'insuccesso poiché lo yoga è equanimità della mente. (2.48)

Qui lo yoga viene definito come equanimità della mente.

Cos'è allora il *karma yoga*? Ogni azione è *karma. Karma* significa anche azione. Quando il *karma* unisce chi lo compie a Dio, il *karma* diventa *karma yoga*, lo yoga dell'azione. Questo è ciò che il Signore Krishna spiega nella *Bhagavad Gita.*

Per dirla con le parole di Amma: "Ci fu un tempo in cui le persone gettavano spine sul mio cammino. Ora le persone mi coprono di fiori. In tutte le situazioni io sono sempre stata e sono uno con Quello. Sono sempre stata unita con l'Uno".

Essere "unita con l'Uno": solo i *Mahatma* (anime illuminate spiritualmente) come Amma dimorano sempre in questo stato supremo di yoga.

Il Signore Krishna spiega ad Arjuna come compiere le azioni e quale atteggiamento avere verso l'azione e i suoi frutti. Sottolinea l'importanza del distacco (*sangam tyaktva*) e di un atteggiamento equanime nei confronti del successo e del fallimento (*siddhyasiddhyoh samo bhutva*).

Ecco come Amma illustra lo stesso principio in modo semplice ma pratico:

- Il lavoro è adorazione.
- Dite sì alla vita.
- Vivete nel presente.
- Andate avanti con fiducia in voi stessi.
- La felicità è una decisione.
- Ogni cosa è volontà di Dio.
- Sia la grazia che lo sforzo individuale sono importanti.
- Se diventi un nulla, allora diventi un eroe.

Abbiamo innumerevoli opportunità di praticare *samatva* (equanimità), soprattutto in presenza di un maestro come Amma. Il *seva* che lei ci assegna gioca un ruolo fondamentale nel coltivare equanimità e abbandono. Alla fine, è solo la sua grazia che ci rende capaci di praticarli.

Quando entrai a far parte dell'ashram, sognavo una vita alla presenza fisica di Amma, ma dopo qualche mese mi fu chiesto di insegnare all'Amrita Vidyalayam. Nonostante ubbidissi controvoglia, avevo fede che Amma sarebbe stata sempre con me.

Trascorsero tre anni. Un giorno mi fu chiesto di dirigere l'Amrita Vidyalayam di Trivandrum. Non avevo altra scelta che obbedire alle parole di Amma e accettare la situazione. Sto ancora imparando come obbedire e accettare. Per raggiungere la vera accettazione e l'abbandono, dobbiamo rinunciare alle preferenze e alle avversioni. Non è facile, ma Amma ci mette in situazioni in cui impariamo a lasciar andare le preferenze e le avversioni e a focalizzarci solo su come obbedirle e compiacerla. Amma dice: "L'ego è all'origine dei desideri e delle aspettative". L'ego ci fa credere di essere gli esecutori delle azioni e sperare che saremo contenti del risultato dei nostri sforzi. Quando però non è così, pensiamo di avere fallito e ci agitiamo.

Si può agire con totale distacco e senza curarsi dei risultati solo quando si è privi di ego. Solo *Mahatma* come Amma sono completamente privi di ego. Ecco perché ogni azione che lei compie è bella e perfetta e il risultato è sempre favorevole.

Ci sono molti esempi che dimostrano come Amma accetti ogni situazione e proceda senza paura. Tra questi vi è lo tsunami del 2004. Non appena furono soddisfatte le necessità immediate dei sopravvissuti, Amma si concentrò su come fornire case in muratura a chi aveva perso la propria nel disastro.

Quando stava per iniziare la costruzione delle case, la maggior parte dei residenti dell'ashram era impaziente di aiutare. Il nostro entusiasmo e l'energia non avevano limiti. Tuttavia Amma ci invitò alla prudenza: "Voglio che tutti voi mi promettiate che non reagirete a qualsiasi commento potreste sentire durante la costruzione. Accettate i commenti in silenzio. Alcuni potrebbero coprirvi di lodi e d'amore, altri muovere delle critiche. Qualunque cosa sia, accettatela in silenzio, fate il vostro dovere e tornate".

Le parole di Amma rivelano come sia completamente distaccata dai frutti delle sue azioni. Svolge semplicemente ciò che considera suo *dharma* (dovere) donandosi al 100%, senza alcuna aspettativa.

Per aiutarci a raggiungere questo stato di distacco e di equilibrio mentale, Amma ci chiede di eseguire tutte le nostre azioni come atto di adorazione e di accettarne il risultato come *prasada buddhi*, ovvero come dono divino.

Ricordo un fatto avvenuto durante un recente tour nell'India del Nord. Durante la prima sosta per il pranzo con Amma, un devoto occidentale chiese: "Amma, quale dovrebbe essere il nostro atteggiamento durante questo tour? Quale atteggiamento ti sarebbe gradito?".

La risposta di Amma fu precisa e bellissima. "Accettate ogni situazione come *prasad* di Amma. Quando ci rechiamo in un tempio e riceviamo il *prasad*, non ne analizziamo la quantità, la qualità o il sapore. Lo accettiamo semplicemente con reverenza. Dovremmo comportarci allo stesso modo dinanzi alle situazioni difficili che potremmo incontrare nel tour".

Questo bellissimo messaggio non riguardava solo il tour, ma era anche un messaggio per la vita. Per riuscire a vedere tutto come *prasada buddhi* dobbiamo lavorare pensando di svolgere un atto di adorazione. Solo assumendo questo atteggiamento svilupperemo la sensazione di essere semplici strumenti nelle mani di Dio. Questo creerà in noi un senso di distacco nei confronti della nostra attività. A sua volta, esso ci aiuterà ad accettarne il risultato come un dono di Dio. Questa è l'equanimità di mente che il Signore Krishna esalta come yoga.

Mi viene in mente un fatto avvenuto dopo il terremoto in Gujarat nel 2001. Amma fece visita a Bhuj dopo che l'ashram ebbe ricostruito tre villaggi duramente colpiti e chiese agli abitanti dei villaggi se fossero arrabbiati. Essi risposero dicendo: "Tutto quello che avevamo proveniva da Dio. Ora se lo è ripreso. Non c'è nulla di cui essere arrabbiati".

Sentendo tali parole, il viso di Amma si illuminò. Ecco un esempio lampante dell'atteggiamento di *prasada buddhi*.

Vorrei condividere un episodio della mia vita. Qualche anno fa mi trovai ad affrontare gravi problemi a scuola. Sotto pressione, corsi da Amma per aprirle il mio cuore, ma come spesso accade, non riuscii a pronunciare una sola parola durante il darshan. Amma mi tenne stretta a lungo mentre parlava con qualcuno vicino a lei. Le raccontai mentalmente tutti i miei problemi. Alla fine Amma mi sciolse dall'abbraccio e guardandomi amorevolmente mi disse: "Hai bisogno di muscoli non solo nelle mani. Devi sviluppare anche i muscoli del cuore. Sappi che non sei un mite agnello ma un cucciolo di leone. Affronta ogni situazione che ti si presenta sulla strada con un atteggiamento positivo".

Prima del darshan, ero profondamente scossa e mi ero rivolta ad Amma sentendomi impotente. Le sue parole infusero nel mio cuore angosciato così tanta forza ed energia che tornai a scuola piena di fiducia. Già il giorno dopo le cose cominciarono ad andare a posto automaticamente e tutti i problemi si risolsero senza che dovessi sforzarmi più di tanto. Sebbene non avessi detto nulla direttamente ad Amma, lei mi consolò consapevole del mio stato d'animo e la sua grazia mi aiutò a risolvere la situazione.

Quando compiamo un'azione, ciò che conta maggiormente sono il modo e l'attitudine con le quali agiamo: contano più del risultato. Amma svolge ogni azione con amore. Amma ha detto che solo se amiamo ciò che facciamo possiamo dare il massimo.

Una volta, Swami Ramakrishnananda chiese ad Amma come facesse ad essere sempre felice. Lei rispose che qualsiasi cosa fa la fa con gioia, amore e con tutta se stessa e, poiché non è legata ai risultati delle sue azioni, è sempre felice.

Questo potrebbe non essere possibile per esseri umani comuni come noi. Ecco perché Amma ci insegna anche a festeggiare i nostri fallimenti e racconta spesso un fatto accaduto durante le Olimpiadi di molti anni fa. Era l'ultima gara: la maratona. A metà percorso, l'atleta dell'Etiopia cadde e si ferì gravemente una gamba. I suoi compagni continuarono la corsa. Quando raggiunsero lo stadio, tutti cominciarono ad applaudire. Molto tempo dopo che il vincitore ebbe tagliato il traguardo, con grande sorpresa di tutti, l'atleta etiope arrivò nello stadio zoppicando. Con la gamba fasciata, correva lentamente verso la linea del traguardo. Mentre correva, la folla si alzò applaudendo come se fosse il vero vincitore.

I cronisti che lo intervistarono gli chiesero: "Non è stato sciocco da parte tua infliggerti un dolore inutile quando sapevi che non avresti vinto?".

L'atleta rispose: "Il mio Paese mi ha mandato qui non solo per iniziare la corsa ma anche per finirla".

Allo stesso modo, anche noi potremmo andare incontro a fallimenti, ma non dovremmo mai scoraggiarci. La nostra attenzione dovrebbe essere sul nostro obiettivo.

Durante il darshan, Amma ci dice spesso: "Figli miei, siate felici." A volte ci chiede: "Felice?". Ha detto più volte che la felicità è una decisione. Sia che ridiamo o piangiamo, il tempo passa. Quindi, perché non scegliere di ridere ed essere felici invece di piangere? Così, quando Amma chiede: "Felice?", ci sta dicendo di scegliere la felicità come emozione di fondo. Per essere felici tutto il tempo, dobbiamo riuscire ad accettare con equanimità il successo e il fallimento, il dolore e il piacere.

Durante l'intervista a un uomo d'affari di successo, un giornalista chiese: "Qual è il segreto del suo successo?".

L'uomo rispose con due parole: "Decisioni giuste".

"Come prende una decisione giusta?".

"Attraverso l'esperienza".

"Come ha acquisito questa esperienza?".

"Attraverso decisioni sbagliate".

Tutto dipende quindi da come accettiamo, comprendiamo e ci abbandoniamo alle situazioni. Amma esprime meravigliosamente questo concetto dicendo: "Quando vediamo un bocciolo, non riusciamo a riconoscere che quella è la fase finale dell'evoluzione prima che diventi un fiore. È buio all'interno del bocciolo, ma da quell'oscurità il bocciolo si apre alla luce.

Impegniamoci a compiere il giusto sforzo avendo fiducia in noi stessi. Procedendo in tal modo riusciremo infine a realizzare il nostro vero Sé. Se la mente è piena della luce dell'amore di Amma, tutte le esperienze, belle o brutte, ci renderanno felici. Dovremmo essere capaci di festeggiare non solo i nostri successi ma anche i nostri insuccessi.

Con la grazia di Amma, possiamo noi compiere ogni nostro dovere con discernimento ed equanimità mentale.

17

Il viaggio di una vita

Swamini Samadamrita Prana

Ero una comune ragazza di Mumbai: studiosa, ambiziosa e amante del divertimento. Nel 1989 i bambini del mio quartiere furono portati a vedere una "Mataji", una santa del Kerala che abbracciava e regalava caramelle. Guardai Amma cantare *bhajan*, ma me ne andai prima che il programma terminasse. Mia madre acquistò la biografia di Amma e alcuni libri sui suoi insegnamenti e cominciò a condividere le esperienze dei devoti con me e mio fratello. Ben presto iniziai a provare interesse per Amma e a frequentare ogni programma. Ero anche attratta dalla serenità dei suoi discepoli. Non volevo più essere un medico ma una di quei discepoli. Cominciai a dedicarmi alle pratiche spirituali, a leggere i libri di Amma e a seguire i suoi insegnamenti. I miei compagni di scuola si accorsero del mio cambiamento. Di recente, una vecchia amica mi ha ricordato come avessi l'abitudine di recitare il mantra nei nostri 45 minuti di cammino a scuola e di come parlassi solo di Amma. Mi disse che ammirava quanto fossi focalizzata. Questa è la trasformazione che Amma può portare nella vita della gente comune.

Quando le chiesi il permesso di unirmi all'ashram, Amma rispose di completare i miei studi e aggiunse che per servire il mondo bisogna essere ben equipaggiati! "Posso trovare migliaia di persone che spazzano il pavimento. Il mondo giudica la gente usando il metro del titolo di studio e non dà valore a chi non è istruito. Porta invece rispetto a chi possiede una laurea o è un medico o un ingegnere".

Due anni dopo, nel 1991, terminate le superiori, Amma mi permise di unirmi all'ashram ma mi disse di iscrivermi a un college locale. Acconsentii. Ciò che volevo era solo stare con Amma. Andare all'università era solo una scusa per stare con lei ad Amritapuri, praticare la *sadhana* e fare *seva*.

C'erano vari tipi di *seva*: il *seva* della sabbia, del letame delle mucche, della fossa biologica, della pulizia dei bagni, della legna da ardere, dei mattoni, della cucina, della mensa, del lavaggio piatti, della pulizia... Frequentavamo l'università, studiavamo e svolgevamo il *seva* e la *sadhana*. Restavamo sveglie la notte, partecipavamo alle attività dell'ashram e il giorno dopo andavamo all'università senza avere dormito molto.

Un giorno Amma trovò molti oggetti inutilizzati abbandonati vicino al kalari[7] e si mise subito a pulire l'area. Iniziammo ad aiutarla. All'improvviso mi trovai faccia a faccia con Amma che disse: "Dovete diventare madri un domani..." e poi cominciò a parlare della *shraddha* (fede e attenzione) e della sua importanza nella vita spirituale. La mia mente andò in tilt nell'udire 'diventare madri un domani'. Amma stava forse alludendo al fatto che mi sarei sposata e avrei avuto dei figli? Fui assalita dalla paura! Leggendo i miei pensieri, Amma disse: "Quando dico 'madre', non intendo dire che vi sposerete, avrete figli e sarete madri. Diventerete madri del mondo".

Amma mi diede il permesso di sedere dietro di lei durante il darshan e di studiare. In tal modo potevo studiare e, allo stesso tempo, starle accanto. In effetti non ero affatto interessata agli studi. Le lezioni al college erano in malayalam, che non capivo perché non sono del Kerala: la mia lingua madre è il tamil. Sedevo

---

[7] Tempietto ancestrale dove Amma dava il darshan per il Devi Bhava e il Krishna Bhava.

nell'ultima fila, tenevo la foto di Amma sul banco, recitavo il mio mantra e meditavo ad occhi aperti guardando la foto di Amma. Un giorno, il docente si mise di fianco a me. Io non me ne accorsi nemmeno. Vedendo quello che stavo facendo, mi sgridò. Durante il primo anno non superai tre esami. Era la prima volta che venivo bocciata. Andai da Amma, che stava trasportando un sacco di sabbia sulle spalle. "Come sono andati gli esami?" mi chiese. Risposi che avevo sbagliato tre scritti. Amma fece cadere il sacco di sabbia e mi guardò dicendo: "Il mondo mi biasimerà per averti rovinato il futuro. Sei venuta qui per portarmi disgrazia e gettare disonore. Non ho più fiducia in te". Interruppe il *seva* e andò nella sua stanza! Ero distrutta.

A Mumbai svolgevo la *sadhana*, assistevo ai programmi di Amma e superavo ogni esame, per grazia di Amma. A quel tempo ero una semplice devota mentre ora vivevo con lei. Avrei dovuto passare gli esami, avrei dovuto ricevere ancora più grazia.

Allora non lo sapevo ancora che i rimproveri di Amma sono una forma di grazia divina. Cominciò a scacciarmi ogni volta che mi vedeva: "Sciò, via", diceva. Pensai che non mi potesse vedere, ma dopo avermi scacciato, Amma diceva agli altri: "Lei è molto intelligente. Un tempo prendeva bei voti, ma ora non studia più e mi segue. Ecco perché sono severa con lei".

Cominciai a concentrarmi sugli studi. Conducevo una vita equilibrata fatta di *seva*, *sadhana*, *svadhyaya* (studio delle Scritture) e studi accademici. Trascorrevo anche del tempo con Amma. Superai gli esami con voti discreti.

Una volta Amma mi disse: "Ti chiederai perché Amma è così dura e severa, perché ti sgrida sempre. Quando sarai cresciuta e ti guarderai indietro, capirai perché Amma lo ha fatto e quanto ti ami".

Sì è vero. Se penso ad allora, mi sentivo sempre infelice, convinta che Amma non mi amasse e mi sentivo tanto sfortunata, etc. Pensavo solo al modo migliore di conquistare il suo amore.

Dopo aver conseguito la laurea breve in Business Administration (Bachelor of Commerce), Amma mi disse di proseguire gli studi. In seguito chiese a molte *brahmacharini* di prendere una laurea breve in Scienze dell'Educazione (B.Ed).

Prima degli esami, Amma ci chiamava da lei e dava ad ognuna di noi un mango dell'albero che si trovava vicino alla sua stanza. Tutte noi passammo gli esami. La chiamammo "Manga B.Ed", ovvero "Mango B.Ed". Amma ci ha dato il frutto della conoscenza (*jnana pazham*). Il suo *prasad* ci sta aiutando a realizzare la sua missione di impartire alla società un'educazione basata sui valori. Molte di noi sono attualmente presidi in varie scuole Amrita Vidyalayam.

Intorno al 1999, mi feci male alla schiena e per quasi un anno fui allettata. Non potevo nemmeno alzarmi, figuriamoci stare con Amma. Smisi di cantare con Amma e gli *swami*, di andare in tournée con Amma e di fare *seva*. Non riuscivo a stare seduta nemmeno per dieci mantra dell'*Ashtottharam* (108 attributi di Amma), per non parlare del *Lalita Sahasranama* (1.000 nomi della Madre Divina) durante l'*archana* del mattino.

Rimanevo sdraiata nella hall e cantavo. Cominciai a sentirmi in colpa e mi chiedevo se la mia devozione e il desiderio di fare *sadhana* si fossero affievoliti. Avevo dolore e la mia mente era tormentata. Quando Amma tornò dal tour mondiale, le dissi piangendo: "Amma, mi fa male la schiena...".

Prima ancora che finissi, Amma disse ad alta voce: "Un disco intervertebrale si è spostato" e mi disse di consultare un medico dell'ospedale Nairs a Kollam. Disse che mi sarei dovuta sottoporre a trazioni. Quando esitai, mi rimproverò: "Fai quello che dico! Vuoi farti operare alla colonna vertebrale?".

La risonanza magnetica mostrò una protrusione discale di secondo grado che, se non fossi stata attenta, si sarebbe presto trasformata in prolasso del disco. A quel punto l'unica opzione sarebbe stata un intervento chirurgico molto rischioso. Come faceva Amma a sapere tutto questo senza nemmeno un semplice esame o una risonanza magnetica? La risposta si trova nella Bhagavad *Gita*:

sarvabhutasthamatmanam sarvabhutani catmani
ikshate yogayuktatma sarvatra samadarshanah

Colui il cui sé è stabilito nello Yoga
e che ha una visione equanime,
vede il Sé in tutti gli esseri
e tutti gli esseri nel Sé. (6.29)

Nel 2001, Amma mi mandò in Gujarat a confortare i sopravvissuti al terremoto. Nei luoghi in cui mi recai vidi persone che avevano perso tutto e che ciò nonostante avevano una visione positiva delle cose e si tenevano strette a Dio con fede. Tale era il loro abbandono. Non si lamentavano. Compresi che Amma mi aveva mandato lì non per aiutarle ma per trarre una grande lezione di vita.

Pregai e insegnai agli abitanti del Gujarat la preghiera: "*Shakti do jagadambe, bhakti do jagadambe, prem do jagadambe, vishwas dekar rakshakaro amriteshwari ma*", "O Madre dell'universo dammi la forza, la devozione, l'amore e la fede e salvami, o Amriteshwari!".
Nel 2003 mi fu chiesto di andare nelle isole Mauritius. Quando Amma mi disse di recarmici le confessai la mia paura e insicurezza. Lei rispose: "Non pensarci e vai. Accadrà quello che deve accadere. Amma è con te".

Le Mauritius sono stupende e sono note come un paradiso terrestre. Le persone sono molto cordiali e anche l'ashram è bello. Tuttavia avevo nostalgia di Amma e di Amritapuri. Di notte gironzolavo recitando il mio mantra e ascoltando *bhajan*. Sull'altare c'era una bellissima foto di Amma sorridente. Guardandola, le chiedevo: "Ti definisci una madre? Hai amore o compassione? Non ti sei nemmeno preoccupata di sapere se sono viva o morta, felice o triste!".

Un giorno, mentre guardavo la foto e parlavo ad Amma, mi parve che la foto mi rispondesse: "So che stai bene. Sono con te e ti proteggo".

Ero sola. Il tempio era al pianterreno e la mia stanza al piano di sopra. Chiunque venisse al tempio poteva salire. Mi sentivo vulnerabile e non al sicuro. Amma mi chiamò e glielo dissi. "Chiudi a chiave il cancello di ferro delle scale che portano su", rispose.

"Non c'è nessun cancello!", replicai.

Amma disse: "Guarda bene: c'è un cancello bianco di ferro. Tienilo chiuso a chiave. Nessuno potrà salire".

Dopo la conversazione con Amma, cercai il cancello e con mia sorpresa scoprii un cancello in ferro, dipinto di bianco per mimetizzarlo con il muro.

Un giorno una devota mi portò da un suo amico. L'uomo mi disse: "*Brahmacharini ji*, vorrei farle una domanda. Lei abita da sola in quel posto: e se qualcuno entrasse nel tempio mentre sta facendo una *puja* e cercasse di aggredirla?".

Ero scioccata! Nessuno mi aveva mai fatto una domanda simile. Pregando Amma, risposi: "Credo fermamente che non mi accadrà nulla del genere".

Ma l'uomo insistette: "So che lei crede nel suo Guru e in Dio. Ciò nonostante qualcosa del genere potrebbe accadere. Dopotutto lei è là da sola e la gente lo sa".

Infastidita, ripetei: "Credo fermamente che non mi accadrà nulla del genere".

Ma l'uomo continuava a ripetere la stessa cosa e io continuavo a dargli la stessa risposta, ogni volta con più enfasi. La devota che mi aveva portata da lui lo rimproverò. Uscimmo dalla casa e il devoto si scusò profusamente per il suo comportamento.

Un giorno, mentre svolgevo la *puja* di mezzogiorno, quattro uomini che sembravano malintenzionati, entrarono nel tempio. Guardarono me e non le divinità. Non li avevo mai visti prima. All'improvviso ricordai la domanda che mi era stata fatta a casa di quel devoto. La mia mente incominciò ad oscillare tra la paura e la fede. Pregai Amma con fervore.

A un tratto, dal nulla, apparve una donna. Ci fu una conversazione accesa tra lei e gli uomini. La donna si infuriò e cominciò ad urlare contro di loro. Mi concentrai tantissimo e mi focalizzai sulla *puja*. Dopo un po' ci fu un silenzio di tomba. Io continuavo la *puja* che finì poco dopo.

Quando uscii dal tempio, vidi la donna pulire l'area del tempio. In un inglese stentato disse: "Quegli uomini, gente cattiva! Intenzioni non buone! Urlato! Mi sono arrabbiata! Li ho mandati via! Non preoccuparti. Sei protetta".

Le chiesi da dove venisse perché non l'avevo mai vista prima. Rispose che abitava lontano e che veniva raramente. Poco dopo se ne andò. Non la rividi mai più. Potete facilmente immaginare chi fosse quella donna misteriosa!

Un giorno un uomo mi chiese di celebrare per lui la *puja* per *Shani* (Saturno). Mi chiese: "Quale percentuale di *Shani* rimuovi? Quali sono i costi per rimuovere percentuali diverse di *Shani*?".

Non sapevo cosa rispondere, ma per merito della grazia infinita di Amma la conoscenza fluì in me e gli risposi. Non ricordo cosa dissi perché la risposta non veniva da me ma da Amma. L'uomo se ne andò soddisfatto e lasciò una lauta donazione. Era la mia prima volta che guadagnavo soldi per Amma e avrei voluto condividere la mia gioia con lei. Con mia sorpresa, Amma mi chiamò. "Come stai figlia?" mi chiese.

Le raccontai entusiasta del guadagno. Amma rise. Poi le chiesi delle percentuali di *Shani* che dovevano essere rimosse. Amma rise e disse che le percentuali dipendevano dalle percentuali di fede e di abbandono di quell'uomo.

Mentre ero alle Mauritius, il mio livello di glicemia e di colesterolo nel sangue aumentò. In quel periodo ricevetti un'e-mail da una delle sorelle dell'ashram che mi scriveva a nome di Amma: "Cara figlia, some stai? È passato molto tempo dall'ultima volta che ho avuto tue notizie. Amma è preoccupata per te. Come va la salute? Stai bene? Se c'è qualche problema, ti prego dillo ad Amma. Solo così Amma potrà salvarti".

Risposi: "Non sto bene fisicamente, ho il diabete e il colesterolo alto. Mentalmente sono depressa ed emotivamente sono distrutta. Non ne posso più! Non sorprenderti se lascio questo cammino. Potrei non essere in grado di resistere".

Amma mi chiese di tornare. Quando raggiunsi Amritapuri, Amma esclamò: "È tornata così presto!".

Quando risposi che l'avevo fatto solo perché mi aveva detto di farlo, Amma negò di averlo fatto. Dissi: "Non credo di avere sbagliato. Un pesce fuori dall'acqua non vede l'ora di tornare nell'acqua. Un bambino che è allattato, se viene allontanato, si aggrappa al seno della madre".

Durante il tour dell'India del Sud, non ebbi alcuna opportunità di sedere vicino ad Amma. Ero tristissima e mi arrabbiavo con tutti, compresa me stessa e persino con Amma. Decisi di lasciare il tour. Quando presi questa decisione stavamo facendo una pausa per il tè vicino a un grande campo di coltivazioni di canna da zucchero. Le canne erano così alte che mi superavano in altezza.

Scomparvi tra di esse. In qualche modo alcune *brahmacharini* scoprirono il mio piano. Informarono Bri. Bhavamrita *ji*, la nostra responsabile, che venne a cercarmi. Mi trovò e mi persuase a salire sull'autobus, promettendomi che mi avrebbe dato un posto proprio sotto il naso di Amma alla prossima fermata. Il camper di Amma stava partendo e lei era sulla porta. Quando il camper mi passò davanti, Amma mi guardò con grande compassione e amore e disse alla *swamini* che si trovava con lei: "È triste perché non è riuscita a raggiungermi!".

Caddi in depressione. Maledicevo il giorno in cui ero nata e la mia vita. Avrei voluto essere come quelli che sono sempre intorno ad Amma e interagiscono con lei a livello fisico. Appena arrivammo ad Amritapuri, scrissi ad Amma tutto ciò che mi faceva soffrire e poi mi diressi verso la sua stanza. La porta era aperta. Rimasi là con la lettera accartocciata nel pugno, nascosta sotto il sari. Amma ed io eravamo una di fronte all'altra e ci guardavamo negli occhi. Amma stese la mano. Come faceva a sapere che ero venuta con una lettera?

Amma disse: "Non puoi lamentarti di non ricevere la grazia. Non guardare il sole desiderando di essere il sole. Sii felice di essere una lucciola. Tu canti con me. Quante persone all'ashram cantano con me? Come puoi dire di non ricevere la grazia? Ci sono persone al mondo che non hanno nemmeno una persona che le ama, mentre molti ti amano. Ogni volta che Amma guarda o parla, ride, scherza con qualcuno, dovresti pensare che Amma sta guardando, ridendo o scherzando con te. Dovresti avere la fede che sei la figlia prediletta di Amma".

Pensai: "Sì, giusto! Più facile a dirsi che a farsi. Come posso sentirmi felice vedendo gli altri che si divertono con Amma?".

In seguito, ogni volta che vedevo Amma parlare con qualcuno, la mia mente si chiedeva, come al solito, chi fosse quella persona fortunata. Poi ricordavo il consiglio di Amma e mi dicevo: "Amma sta parlando con me, ride con me, scherza con me. Sono la sua figlia prediletta".

Inizialmente ero piuttosto cinica riguardo a questo esercizio. Tuttavia, presto mi resi conto che la mia gelosia diminuiva giorno dopo giorno e alla fine i vermi della gelosia smisero di rodermi. Cominciai ad apprezzare l'esercizio. Mi rasserenai e le cose assunsero una prospettiva assai diversa. Iniziai ad apprezzare la vita e a contare le mie benedizioni.

Amma stava aprendo il fiore del mio cuore. Se non avessi ricevuto questa iniziazione a praticare questo tipo di visualizzazione, la mia vita spirituale avrebbe potuto interrompersi.

Abito in Gujarat dal 2006. Amma mi ha nominata preside dell'Amrita Vidyalayam di Ahmedabad e Bri. Atmamrita Chaitanya è la dirigente scolastica. Entrambe prestiamo anche servizio, come richiesto, nel Centro di Amma in Gujarat.

Una volta chiesi ad Amma: "Quali azioni (*karma*) ho commesso per essere destinata a rimanere fisicamente sperata da te? Sono una tale peccatrice?".

Amma rispose: "Figlia, non lo chiamerei peccato. Che senso ha la vicinanza fisica se non serve allo scopo? Il mestolo in una pentola di budino non diventa dolce. Allo stesso modo, essermi fisicamente vicina non ti porterà alcun beneficio. Non essere triste pensando così".

La verità è che, ovunque siamo, dovremmo fare del nostro meglio per trasformare quel luogo nella dimora, nel Puri di Amma (Amrita Puri).

Una volta, di ritorno dal Gujarat ad Amritapuri, Amma mi chiese il dosaggio dei miei farmaci per la tiroide. Le dissi che stavo prendendo 5 mg due volte al giorno. Amma disse: "Prendine 50 mg. Non smettere di assumerlo. Devi farlo per il resto della tua vita". Molti anni prima, mentre ero ancora all'università, all'improvviso Amma disse: "Amma sente che hai qualcosa alla tiroide. Per favore vai alla facoltà di medicina di Trivandrum e fai un esame della tiroide".

L'esame rivelò che soffrivo di ipertiroidismo. Come faceva Amma a saperlo? E perché adesso mi chiedeva di aumentare il dosaggio? Chiamai un medico che disse che il dosaggio prescritto da Amma era per l'ipotiroidismo mentre io sono ipertiroidea. Mi suggerì di fare un esame. Con mia sorpresa l'esame dimostrò che il mio ipertiroidismo si era trasformato in ipotiroidismo senza alcun sintomo. Il medico aggiunse che non succede spesso.

Nel corso degli anni, le parole di Amma mi hanno mostrato chiaramente che lei non solo conosce i nostri pensieri e le nostre emozioni ma anche ogni molecola del nostro corpo. La sua visione è olistica e completa.

Durante il tour dell'India del Nord Amma andò a nuotare nel fiume Narmada. Le acque erano poco profonde. Tutto il gruppo la seguiva senza sapere che c'era un grande avvallamento nel letto del fiume. All'improvviso, tutti cominciarono ad andare sott'acqua. Il primo pensiero che mi apparve nella mente fu: "Amma, mi hai abbandonato! Sono molto lontana da dove ti trovi. Salverai solo chi è vicino a te!".

Si dice che chi stia annegando riemerga due volte prima di riaffondare. Anch'io emersi due volte. Proprio prima di affondare ancora, dissi a me stessa: "La morte è certa. Cosa farai? Recita 'Amma… Amma…'. Pensa ad Amma mentre muori".

Feci così e improvvisamente mi ritrovai sulla riva. Ero salva! Tutti erano salvi, se è per questo.

Molti anni dopo, durante una gara di nuoto, Amma chiese ad alta voce: "Tutti coloro che hanno rischiato di annegare nel Narmada, alzino la mano!". Alzai la mano. Amma chiese: "Cosa vi passava per la mente in quel momento?". Io fui tra quelli che risposero. Ad Amma piacque la mia risposta.

Vivere con Amma da tutti questi anni mi ha fatto comprendere che l'obbedienza, la fede e l'abbandono a lei sono la protezione migliore, indipendentemente dalle difficoltà e dalle prove della vita. Gli avatar come Amma sono onniscienti, onnipotenti e onnipresenti ed è per questo che i suoi figli sono in grado di sperimentare la sua presenza interiormente ed esteriormente.

Questo spiega anche perché facciamo l'esperienza che Amma conosce il nostro cuore e percepisce il nostro dolore. Con estrema compassione, Amma fa del suo meglio per alleviare le nostre afflizioni nate dall'ignoranza, ci dona il suo amore incondizionato e ci accorda la conoscenza e la forza per superarle.

Non c'è nulla che possiamo offrire in cambio ad Amma. Prego affinché possiamo noi tutti diventare strumenti efficaci nelle sue mani divine.

18

Prendere rifugio ai Suoi piedi

Br. Atmaniratamrita Chaitanya

Un pescatore era solito pescare in un laghetto. Ogni volta che entrava in acqua, i pesci erano terrorizzati. Un pesce anziano, che conosceva ogni angolo e anfratto del laghetto, si nascondeva e guardava tristemente la sua famiglia e i suoi amici mentre venivano catturati. C'era però un pesciolino che era sempre felice e non aveva mai paura. Danzava e nuotava e non veniva mai preso. Vedendolo giocare spensieratamente, il pesce veterano gli chiese: "Come mai sei così felice e ogni volta riesci a sfuggire alla rete da pesca?"

Il pesciolino disse: "È molto semplice, nonno. Quando il pescatore entra in acqua, capiamo che intende catturarci. Non appena entra, smuove l'acqua che diventa torbida. Tutti i pesci iniziano a farsi prendere dal panico e a sfrecciare di qua e di là. Io smetto di fare quello che sto facendo e nuoto il più velocemente possibile verso i piedi del pescatore prima che getti la rete e rimango lì, lontano dalla rete, finché l'uomo non se ne va dal nostro laghetto".

Allo stesso modo, se prendiamo rifugio ai piedi del Signore possiamo sfuggire alle insidie della vita mondana. Cosa significa prendere rifugio? Avere un atteggiamento di devozione e di abbandono a Dio. Il Signore Krishna dice:

> *api cet su-duracaro bhajate mam ananya-bhak*
> *sadhur eva sa mantavyah samyag vyavasito hi sah*

Persino i peggiori peccatori, se Mi adorano e sono interamente devoti a Me, devono essere considerati giusti perché hanno preso la decisione giusta. (*Bhagavad Gita*, 9.30)

Questo verso glorifica la *bhakti* (devozione). Diversamente dallo *jnana yoga* (il sentiero della conoscenza) che richiede la pratica di diverse discipline preparatorie, non ci sono prerequisiti per diventare un *bhakta* (devoto).

Il Signore afferma che ci sono quattro tipi di devoti: *artha*, chi prega Dio per porre fine alle sue pene; *artharthi*, chi adora Dio affinché gli conceda prosperità e piaceri materiali; *jijnasu*, chi desidera conoscere Dio e *jnani*, chi conosce Dio. (*Bhagavad Gita*, 7.16)

Un elemento fondamentale nel *bhakti yoga*, il sentiero della devozione, è *kripa*. *Kripa* è un termine che può significare grazia, misericordia o benedizione a seconda del contesto. Nel sesto capitolo della *Bhagavad Gita* si afferma che sono necessari quattro tipi di *kripa*: *atma kripa* (la grazia della nostra mente), *Īśvara kripa* (la grazia di Dio), *Śāstra kripa* (la grazia delle Scritture) e *Guru kripa* (la grazia del Guru).

L'*atma kripa* ci aiuta a superare il senso di colpa e a rafforzare la fiducia in noi stessi. Il senso di colpa nasce quando sentiamo di avere sbagliato e ci riteniamo peccatori. Il senso di colpa può essere un grande ostacolo nella vita spirituale perché ci impedisce di perdonarci. La fiducia in se stessi – l'antidoto – è la convinzione che "anche se ho commesso errori, posso correggermi e crescere spiritualmente". Il Signore Krishna ha dichiarato che persino il peggior peccatore può diventare un devoto. Il termine *"Duracara"* che compare nel versetto indica una condotta malvagia, immorale, corrotta o illegale mentre *"Suduracara"* significa "estremamente corrotto" e indica qualcuno che ha commesso i peccati più gravi. Secondo il Signore misericordioso, persino costui non ha motivo di affliggersi se acquisisce *ananya-bhakti* (devozione esclusiva). Questa persona riceverà la grazia di Dio; così assicura il Signore. Una volta che viene toccato dalla grazia

> *kshipram bhavati dharmatma shashvacchantim nigacchati*
> *kaunteya pratijanihi na me bhaktah pranashyati*

costui diventa presto virtuoso e ottiene sicuramente una pace duratura. O Arjuna, proclama con forza che nessuno dei miei devoti perisce mai. (*Bhagavad Gita*, 9.31)

Un tale devoto, colui che ha preso la giusta decisione, inizia a dare più importanza al *dharma* (rettitudine) che ad *artha* (prosperità materiale) o a *kama* (desiderio), ritenuti precedentemente di grande valore. Con una maggiore maturità spirituale, le cose materiali diventano meno importanti. Pur continuando ad avvalersene, non si è più così attaccati alle cose. Un'anima matura si impegna ad osservare il *dharma* e a perseguire *moksha* (liberazione spirituale).

Il Signore Krishna dice che il devoto diventa presto un *jijnasu*, colui che brama di conoscere Dio, avendo compreso che il Signore è la sola fonte di pace, sicurezza e felicità. Quando questo struggimento raggiunge il culmine sorge la saggezza e il devoto diventa uno *jnani*, un conoscitore della Verità, qualcuno che non è mai turbato dalle vicissitudini della vita, è sempre in pace e sente devozione per il Signore. Un tale devoto non andrà mai in rovina.

Lasciate che vi racconti come una persona che poteva essere considerata a ragione un peccatore fu trasformata dopo aver incontrato Amma. Conobbi Surya nel 1992, nel corso dei programmi che si tenevano nel tempio Brahmasthanam di Chennai. Il giovane viveva vicino all'ashram, che frequentava regolarmente, e sembrava provenire da una famiglia colta. Tuttavia aveva sempre un'aria triste. Un giorno svelò la causa della sua tristezza. Il padre, che aveva un buon impiego e guadagnava bene, era un alcolista. Tornava a casa ubriaco ogni notte e picchiava la moglie indifesa. Dissi a Surya di portarlo al più presto da Amma. Il ragazzo cercò di convincere il padre ad andare da Amma ma non ci riuscì. Perseverò per un anno intero, pregandolo d'incontrarla almeno una volta. Alla fine il padre fu d'accordo a patto che Surya gli portasse una bottiglia di vino. Il figlio accettò.

Surya, sua madre, il fratello e il padre si misero in fila per il darshan. Io mi misi dietro l'uomo per assicurarmi che non cambiasse idea e se la svignasse. Mentre la coda avanzava verso Amma, il padre beveva a sorsi dalla bottiglia, nascosta in una tasca dei pantaloni.

Alla fine la famiglia giunse vicino ad Amma. Incapace di controllarsi, la madre di Surya cadde piangendo tra le braccia di Amma. Il suo corpo era pieno di lividi causati dalle percosse. Gli occhi di Amma si riempirono di lacrime e con il suo sari asciugò quelle della donna. Il fratello di Surya, che era il prossimo nella fila del darshan, si fece da parte e spinse velocemente suo padre verso Amma. L'uomo rimase basito quando si trovò di fronte a lei.

Amma lo guardò profondamente negli occhi e con estrema dolcezza e amore disse: *"Mone* (figlio)…"

Il padre di Surya scoppiò in lacrime e cadde in grembo ad Amma. Dopo un po' lei lo sollevò, gli asciugò le lacrime e gli strofinò il petto. Poi, indicando i membri della sua famiglia che stavano piangendo, disse: "Figlio, la prossima volta che bevi, ricorda che stai bevendo le loro lacrime". Infine lo confortò dicendo: "Non preoccuparti, Amma è con te".

Al termine del darshan accompagnai la famiglia a casa. Dopo aver camminato per un po', il padre di Surya mise la mano in tasca per prendere la bottiglia di vino. La tirò fuori e dopo qualche istante la rimise in tasca senza aprirla. Questo accadde un paio di volte. Quando arrivarono a casa, prese la bottiglia e la buttò nel canale di scolo esclamando: "Dove mi hai portato? La voce di quella donna mi riecheggia ancora nelle orecchie, '*Mone*... *mone*... *mone*...' Non riesco più a bere!".

Il giorno seguente Surya mi raccontò cos'era accaduto una volta a casa. Nessuno parlava. Il padre era rimasto seduto con gli occhi chiusi per tutta la notte. L'indomani, di buon mattino, con grande sorpresa di tutti, si era lavato e vestito per accompagnare la moglie e i figli al programma di Amma.

L'uomo smise completamente di bere e col tempo cambiò in meglio. Incontrare Amma anche una sola volta lo aveva aiutato a voltare pagina. Un solo abbraccio, un solo sguardo e una sola indicazione furono così potenti da trasformarlo. Molte persone sono cambiate dopo un unico incontro con Amma.

Un *brahmachari* dell'ashram si commosse sentendo parlare delle qualità di un vero devoto. Dopo aver ascoltato il *satsang* di uno dei primi discepoli di Amma sul *bhakti yoga* si mise a riflettere sulle 36 qualità di un devoto, elencate nel capitolo 12 della *Bhagavad Gita*. Quando un giorno si recò al darshan di Amma, le recitò i versetti pertinenti e poi disse: "Amma, non ho nemmeno una di queste qualità. Amma mi amerà lo stesso?".

Amma sorrise e rispose: "Più di chi ha tutte queste 36 qualità, mi piacciono i figli che cercano di coltivarle!". Non è questa la prova che la sua grazia fluisce verso coloro che si sforzano?

La grazia divina è sempre presente. Dobbiamo semplicemente aprire i nostri cuori per riceverla. Amma non abbandonerà mai chi è sincero nei suoi sforzi spirituali. Possano il suo amore e la compassione ispirare in noi la devozione. Possa la nostra devozione avvicinare Amma a noi.

19

La meditazione Ma-Om

Br. Kamaleshwaramrita Chaitanya

La meditazione Ma-Om è una tecnica di meditazione unica, nata da un *sankalpa* (intenzione divina) di Amma: il suo dono per i suoi figli. "Ma" rappresenta l'amore divino e "Om" la luce divina. Per questo motivo, la meditazione Ma-Om viene anche chiamata la meditazione di amore e di luce.

La pratichiamo intonando silenziosamente "Ma" mentre inspiriamo. Facendolo, stiamo inspirando l'amore divino permettendogli di pervadere ogni cellula del corpo, così come fa il *prana* (energia vitale) che pervade tutto il corpo. Allo stesso modo, intoniamo silenziosamente "Om" quando espiriamo, sentendo la luce divina illuminare tutto il corpo. Le vibrazioni di "Ma" e di "Om" finiscono gradualmente nel silenzio. Questa pratica si chiama *prana upasana*, l'adorazione dell'energia vitale, ovvero l'adorazione di Dio, poiché il *prana* non è altro che *Brahman*, la Realtà suprema.

Amma inizia ogni suo discorso dicendo: "Amma si inchina a tutti i suoi figli, che sono l'incarnazione dell'Amore Supremo (*prema-svarup*) e della Coscienza Divina (*atma-svarup*)". In tal modo ci ricorda che non siamo solo il corpo e la mente ma anche incarnazioni dell'amore (Ma) e del Sé onnipervadente (Om).

"Om" rappresenta il *nirguna Brahman*, la Coscienza Suprema non manifesta, mentre "Ma" simboleggia il *saguna Brahman*, la forma manifesta della coscienza, cioè il mondo con tutte le sue creature ed oggetti.

Sri Ramakrishna Paramahamsa, il famoso mistico e santo del bengala vissuto nel XIX secolo, diceva: "Mia madre Kali è *Brahman*. Quando esiste solo Lei nello stato non manifesto si chiama *Brahman*, quando invece si manifesta come il mondo e tutti i suoi esseri si chiama Kali. Il mondo che vediamo è il Suo *lila* (gioco divino)".

Nel *bhajan 'Kali maheshvariye...'* Amma canta: "*Valum talayumilla prapancattin veru ni ennu kelppu*": "Dicono che sei il fondamento dell'universo che non ha né capo né coda". Queste parole alludono al fatto che il mondo dei nomi e delle forme non è che una manifestazione dell'infinito, è cioè senza inizio né fine.

È difficile adorare o focalizzarsi su *nirguna Brahman* mentre è relativamente più facile adorare *saguna Brahman*, perché l'intelletto umano è in grado di comprendere meglio la forma rispetto al senza forma.

"Ma" simboleggia *prakriti'* (materia) mentre 'Om" *purusha'* (coscienza). *Prakriti* è l'aspetto femminile dell'esistenza, spesso personificato come Shakti, la volontà e l'energia cosmica. La sua controparte è lo stato di quiescenza incarnato da Shiva, il principio maschile. L'immagine di Kali che posa il piede sul petto di Shiva vuole indicare che tutto il movimento si fonda su un substrato immobile.

Amma rappresenta sia Shiva che Shakti perché tutte le sue attività sono radicate in una immobilità perfetta. Pertanto noi la adoriamo con il mantra "*Om shiva-shakti-aikya rupinyai namah*": "Saluto la Madre Divina, la cui forma è composta dall'unione di Shiva e Shakti". (*Lalita Sahasranama*, 999).

"Ma" e "Om" sono come gli occhi di Amma così come la luna e il sole sono poeticamente considerati gli occhi di Dio. In Amma vediamo la miscela perfetta di amore e di luce divini. Lei incarna l'amore incondizionato proprio di Dio e la luce infinita della sua conoscenza disperde le tenebre dell'ignoranza. Il suo amore è come la freschezza della luna che agisce come balsamo sui cuori, mentre la sua luce è come il sole che scaccia la notte dell'ignoranza. Nel *bhajan Jnanakkadal* il poeta dice che è impossibile per un pesciolino sondare la profondità dell'oceano:

> *jnanakkadal tannai meen alakkalama? Alakkindrapotu*
> *sirikkindray taye.*

Può un pesce misurare la profondità dell'oceano della conoscenza? Quando cerca di farlo, o Madre, Tu ridi!

Allo stesso modo, non siamo in grado di misurare la vastità e la profondità della conoscenza di Amma, che è oceanica. In effetti è più che oceanica: è vasta come l'universo incommensurabile. Gli scienziati dicono che l'universo è sempre in espansione.

Un *brahmachari* ha detto: "Ma" sta per il *bhava* (stato divino) materno di Amma e "Om" per il suo Guru bhava". Come una madre, Amma ci lega con l'amore e come Guru ci disciplina e illumina il sentiero della conoscenza.

Om

Esaminiamo ora gli insegnamenti delle Scritture sull'Om. Il primo verso della *Mandukya Upanishad* definisce l'Om in questo modo:

> *idam sarvam iti etat aksharam upavyakshanam bhutam bhavat*
> *bhavishyat iti sarvam "Om" karah eva*
> *anyat ca yat trikalatitam tat api "Om" karah eva*

"Om" è questa sillaba imperitura. È l'universo, e questa è la spiegazione di Om. Il passato, il presente e il futuro, tutto ciò che è stato, che è e che sarà, è Om.

Ciò vuol dire che "Om" simboleggia il *Brahman* che è al di là del tempo. "Ma" indica la manifestazione che avviene nei tre stati temporali. "Ma" e "Om" sono le due facce della stessa medaglia. "Om" si riferisce al Creatore e "Ma" alla creazione. Amma dice spesso che la creazione e il Creatore non sono due, ma un'unica entità. Il Creatore è diventato la creazione. Amma canta: "*Srishtiyum niye, srashtavum niye*": "Tu sei la creazione. Tu sei anche il Creatore". Amma afferma che i suoi figli non sono diversi da lei.

Un giorno un giornalista le chiese: "Lei ha così tanti devoti. La adorano?"

Amma rispose: "Non lo so, ma io adoro loro". Per Amma, i suoi figli sono il suo Dio.

Nella *Bhagavad Gita*, il Signore Krishna dice di essere il *pranava mantra* Om e aggiunge:

> *om ity ekaksharam brahma vyaharan mam anusmaran*
> *yah prayati tyajan deham sa yati paramam gatim*

Chi lascia il corpo ricordando Me (il Supremo) e pronunciando il monosillabo Om raggiunge la meta suprema. (8.13)

Amore (Ma)

L'amore dà forza, potenza e saggezza. Nel *Tirumandiram*, il Signore Tirumular dice:

> *anbum sivamum irandu enbar arivilaar*
> *anbe sivamavatu yarum arikilaar*
> *anbe sivamavatu yarum arintapin*
> *anbe sivamay amarntu iruntare*

L'ignorante dice stupidamente che l'amore è una cosa e Shiva un'altra. Nessuno sa che Shiva non è altro che amore.

Quando si prende coscienza che l'amore e Shiva sono la stessa cosa, si diventa l'incarnazione stessa dell'amore. (270)

Nella nostra meditazione, l'amore è rappresentato da "Ma" e Shiva da "Om". Quando capiamo che l'amore non è separato da Dio, diventiamo incarnazioni dell'amore. "Ma" è "Om" e "Om" è "Ma". Ecco perché Amma ci dice che durante la meditazione possiamo alternare il Ma-Om con l'Om-Ma quando inspiriamo ed espiriamo.

"Ma" significa "madre" in quasi tutte le culture del mondo. La madre è sinonimo di amore e l'amore materno è la più alta forma d'amore nella vita nel mondo.

Il primo mantra del *Lalita Sahasranama* è "*Om shri matre namah*": "Saluto la Madre di buon auspicio". Questo mantra contiene sia "Ma" che "Om" e sottolinea la fondamentale importanza di entrambi nella vita spirituale.

Amma dice che il perdono e la pazienza sono qualità che contraddistinguono la maternità, entrambi frutto dell'amore. Amma è la personificazione della maternità divina. Il suo amore è incommensurabile e la sua pazienza più grande di quella di Madre Terra.

Amma non si aspetta nulla da noi e continua nella sua missione di amare incondizionatamente, servire ed elevare gli altri. L'amore che ha per noi ci aiuta ad assimilare le sue qualità divine e favorisce la nostra crescita spirituale.

Quando un giorno Amma vide un anziano devoto alzarsi per andare a lavare il suo piatto alla fine del pasto, mi chiese di lavarglielo. Disse: "Se fosse tuo padre, non gli laveresti il piatto? Prendi i piatti dei devoti anziani e lavali!".

Amma insegna anche ai residenti dell'ashram a salutare i devoti appena arrivati con "*Om Namah Shivaya*" (Saluto Colui che è di buon auspicio) e di chiedere loro se gli è già stata assegnata una camera e se hanno mangiato. Con queste semplici istruzioni, ci insegna ad amare e a servire il mondo senza aspettative. Amma considera il mondo intero la sua famiglia e sta cercando di elevarci a questo livello di comprensione. In questo consiste la luce della saggezza che, poeticamente, si dice che emani dal terzo occhio. Sono innumerevoli gli episodi che rivelano l'immensità dell'amore incondizionato di Amma. Anni fa, durante il festival del tempio Brahmasthanam di Amma a Chennai, un lebbroso che era guarito ma che portava ancora cicatrici visibili della malattia andò da Amma. La famiglia e gli amici lo avevano ripudiato e non volevano avere più niente a che fare con lui anche dopo la guarigione. L'uomo viveva vagabondando di qua e di là e sopravviveva con ciò che la Provvidenza gli offriva.

Quando sentì parlare di Amma e del suo programma a Chennai volle andare a ricevere il darshan. Nell'ashram di Chennai, Amma lo guardò con amore e con un sorriso enigmatico. Il suo sguardo suggeriva che sapesse tutto di lui. Ciò nonostante non disse nulla e continuò a guardarlo come se si aspettasse che lui parlasse. Con qualche esitazione l'uomo confessò i suoi problemi ad Amma, che continuò ad annuire incoraggiandolo a parlare. Amma chiamò poi lo *swami* responsabile dell'ashram di Chennai e gli chiese quanti Amrita Kuteeram (case che l'ashram costruisce per i poveri senzatetto) appena costruiti a Chennai fossero liberi e gli disse di assegnarne uno all'uomo. Amma abbracciò calorosamente l'uomo che era rimasto ammutolito e gli sussurrò parole affettuose e confortanti all'orecchio. Il poveretto scoppiò a piangere: non aveva mai ricevuto così tanto amore da nessuno, neppure da sua madre. Quante vite sono state ricomposte dall'amore di Amma!

In un certo senso, tutti noi siamo colpiti dalla lebbra interiore, portiamo ferite causate da parole di rabbia, rifiuti, esperienze amare e dalle nostre stesse negatività come la lussuria, la rabbia, la gelosia e l'orgoglio. Per Amma dev'essere stato infinitamente più facile guarire Dattan[8] il lebbroso che sanare le nostre ferite interiori. Ciò nonostante se ne prende cura con la sua compassione divina.

A volte Amma mostra un "amore duro", un amore che indossa la maschera della severità. Amma dice spesso che, ai giorni nostri, solo *Kamsa-bhakti* può portarci più vicino a Dio. Kamsa, lo zio del Signore Krishna, visse nel terrore dal giorno in cui nacque Krishna perché ricordava la profezia che suo nipote lo avrebbe ucciso. Amma è nata per uccidere il "Kamsa-ego" in tutti noi e l'ego istintivamente la teme.

Amma brandisce la spada della conoscenza per rimuovere la nostra ignoranza. Noi però non dobbiamo avere paura perché lei ci somministrerà l'anestetico dell'amore divino. Se smettiamo di opporre resistenza, Amma può rimuovere il nostro ego e accendere in noi la luce della conoscenza.

Ognuno di noi è condizionato dalle sue simpatie e antipatie. Questo condizionamento ci rende difficile amare gli altri senza riserve, proprio come fa Amma. Lei ci sta aiutando ad andare oltre le nostre attrazioni e avversioni e per riuscirci potrebbe dover indossare la maschera di Kali di tanto in tanto. Non dimentichiamoci mai, però, che dietro questa maschera spaventosa c'è un cuore che trabocca di un amore incommensurabile.

Qualsiasi cosa faccia è per la nostra crescita spirituale. L'obiettivo del Guru è aiutare il discepolo a realizzare il Sé. Indipendentemente dal nostro livello di comprensione spirituale, Amma ci incontra a quel livello.

A volte, durante il darshan, Amma dice a un devoto o a una devota: "La tua camicia (o sari) è molto bella!" A queste parole, la persona è al settimo cielo. Forse non ricorderà il *satsang* di

---

[8] Dattan era un lebbroso che andava abitualmente da Amma ad Amritapuri. Amma deterse le sue piaghe con la lingua e aspirò il pus con la bocca guarendolo.

Amma, ma ricorderà questo commento. In tal modo, Amma aiuta la persona a creare un legame con lei.

Amma potrebbe parlare a uno scienziato della sua area di ricerca e a chi si occupa di sicurezza informatica dei vari livelli di misure di sicurezza da implementare. A una persona che lavora nel campo delle reti wireless potrebbe indicare dove installare i sensori wireless. Con un medico ayurvedico potrebbe condividere la conoscenza delle diverse piante medicinali. Alle semplici donne del villaggio potrebbe chiedere affettuosamente se il marito beve ancora, come gestiscono la famiglia e persino offrire loro un sari.

Dopo aver creato un legame d'amore con noi, Amma ci porta lentamente alla conoscenza suprema e prima di plasmarci con la disciplina della conoscenza scioglie le nostre menti con il calore dell'amore.

L'amore di Amma può elevare un individuo da *kamya bhakti* (devozione con motivazioni egoistiche) a *tattva bhakti* (devozione basata sulla comprensione dei principi spirituali) e a *nishkama bhakti* (devozione disinteressata). Un uomo del Tamil Nadu venne a trovare Amma per venderle il suo ospedale. Lei rifiutò, ma con la sua grazia l'uomo riuscì in seguito a venderlo. Divenne poi un fedele devoto e giocò un ruolo fondamentale nell'organizzare programmi pubblici di Amma ad Erode, Salem e Vellore. Sebbene avesse settant'anni, si impegnò tantissimo recandosi in oltre 200 villaggi attorno a Tiruvannamalai per diffondere il messaggio di Amma e invitare i loro abitanti a venire al programma di Amma.

Un giorno l'uomo disse ad Amma: "Non riesco a meditare ma mi piace servirti portando il tuo messaggio agli abitanti dei villaggi del Tamil Nadu".

Amma rispose: "Figlio, questo *seva* (servizio disinteressato) è esso stesso meditazione".

Svolgere il *seva* con il giusto atteggiamento è meditazione. Tale lavoro disinteressato purifica la mente (*citta shuddhi*) e spiana la strada a ricevere la conoscenza (*jnana prapti*). L'amore di Amma trasforma. Un delinquente cambiò completamente vita dopo averla incontrata. Chi lo conosceva rimase stupito da questo cambiamento. Quando le persone seppero che aveva voltato pagina dopo averla conosciuta vollero incontrarla anche loro. L'uomo le portò ad Amritapuri durante i festeggiamenti del compleanno di Amma. Adesso la sua famiglia e i suoi amici e parenti sono tutti devoti di Amma. L'uomo regala foto di Amma a chiunque incontri.

Dove c'è vero amore c'è silenzio. Il cuore è la dimora dell'amore. Il vero amore non può essere espresso a parole. Chi ama veramente è in uno stato meditativo, non pensante. Quando il pensiero è solo per l'amato, la mente dell'amante non esiste più: i due diventano uno.

Nel vero amore, diventa spontaneo meditare, si diventa silenziosi e si è in pace con il proprio Sé. Le parole cedono posto al silenzio. Ecco perché Dakshinamurti, considerato il primo Guru, comunicava attraverso il silenzio.

Un giorno la dea Parvati chiese al Signore Shiva d'insegnarle come essere sempre in unione con Lui. Il Signore le chiese di mettersi a meditare e poi le domandò cosa vedesse mentre lo faceva. Parvati rispose che vedeva la Sua forma. Lui le disse di trascenderla. La dea vide una luce brillante. Dopo averla trascesa, udì il suono "Om" e quando andò al di là di questo suono tacque. Fusa nel Signore, aveva perso la propria individualità e raggiunto lo stadio finale dell'amore: l'unione eterna e inseparabile con il Divino.

Un giorno un uomo rivolse questa preghiera a Dio: "Signore, Ti prego, apri il mio cuore e ricolmalo della Tua grazia!". Dopo averla ripetuta più volte, Dio apparve di fronte a lui e disse: "Figlio, sono felice che tu voglia aprire il tuo cuore ma non posso farlo perché è chiuso dall'interno. Devi aprirlo tu. Sto aspettando di entrare e di colmarlo di amore e di luce".

Che tutti noi possiamo aprire i nostri cuori all'amore divino di Amma. Che tutti noi possiamo essere capaci di accettare tutte le situazioni con equanimità. Che tutti noi possiamo diventare strumenti perfetti nelle mani di Amma. Possano l'amore e la luce di Amma condurci alla conoscenza suprema.

20

Svegliatevi!

Br. Sundareshamrita Chaitanya

Molti di noi avranno ascoltato i *bhajan* dell'ashram *"Jago Ma Kali Jago Jago"* e *"Unarunaru Amritanandamayi Unaru Jaganmate"*. Il titolo del primo *bhajan* significa "Svegliati, Madre Kali, svegliati!" e il secondo "Svegliati, Madre Amritanandamayi, svegliati!".

Quando ho sentito per la prima volta questi canti, mi sono chiesto perché dovevamo svegliare Madre Kali o Amma. In realtà, questi *bhajan* ci ricordano di risvegliare la Madre Divina in noi, ci invitano a destare la nostra divinità interiore. Potremmo pensare di essere ben svegli, attenti e pienamente consapevoli di tutto ciò che sta accadendo, ma dal punto di vista delle Scritture e di un'anima che ha realizzato il Sé, stiamo dormendo profondamente da tutta la vita. Le uniche anime risvegliate sono i *Mahatma* (anime spiritualmente illuminate) come Amma che considerano come un sogno il mondo che noi percepiamo così intensamente reale. Anche loro vedono e passano attraverso le nostre stesse esperienze ma hanno preso dimora nel loro vero Sé. Questa differenza di percezione tra la gente comune e gli esseri che hanno realizzato il Sé è illustrata con una metafora dal Signore Krishna nella *Bhagavad Gita*:

> *ya nisha sarvabhutanam tasyam jagarti sanyami*
> *yasyam jagrati bhutani sa nisha pashyato muneh*

Ciò che è notte per tutti gli esseri è giorno per chi ha realizzato il Sé. E ciò che è giorno per tutti gli esseri è notte per il saggio raccolto interiormente. (2.69)

Questo celebre verso allude al contrasto tra lo stato *advaitico* (non duale) di uno *jnani* (conoscitore della Verità) e lo stato *dvaitico* (duale) di un *ajnani* (ignorante). Nella prima riga, il termine notte si riferisce all'ignoranza, alla non conoscenza del Sé. Come non riusciamo a percepire gli oggetti di notte, così non percepiamo chiaramente la nostra vera natura. La maggior parte di noi percepisce se stessa e gli altri oggetti od esseri di questo mondo come entità indipendenti, disgiunte dalle altre e dal mondo. Vediamo tutto in termini di "io" e "non io". Per noi, questo senso di dualità è reale quanto la luce del giorno.

Un cristallo trasparente su un panno rosso appare rosso quando gli è vicino. Allo stesso modo, noi abbiamo erroneamente ritenuto di essere il corpo, la mente e l'intelletto. Questa percezione errata è diventata un forte condizionamento che ci porta a identificarci con emozioni negative come la paura, la rabbia e l'avidità, e a ritenere reale la felicità ottenuta dai piaceri dei sensi. Sviluppiamo attaccamento verso persone, oggetti e ideologie, che si trasformano poi in simpatie e antipatie. Cercando di avere ciò che ci piace e di evitare ciò che non ci piace, alla fine rimaniamo intrappolati in un ciclo senza fine di esperienze piacevoli e spiacevoli.

Uno *jnani*, invece, percepisce il suo Sé in tutta la creazione. Amma afferma spesso che il Creatore e la creazione non sono due entità e che il Creatore è diventato effettivamente la creazione. Dio pervade l'intero creato come pura consapevolezza, coscienza e amore.

Anche se un orafo realizza diversi tipi di gioielli come bracciali, collane, braccialetti e anelli, sa bene che sono tutti d'oro e che quindi, in sostanza, sono la stessa cosa. Analogamente, anche gli *jnani* vedono il mondo molteplice, ma al tempo stesso percepiscono senza ombra di dubbio l'unità che sottende la diversità della creazione. Pertanto, non dipendono da oggetti, persone o esperienze esterne per la loro felicità, sono equilibrati in ogni circostanza e padroni dei loro sensi. Amma dice: "La felicità che si sperimenta attraverso i piaceri di questo mondo non è che un piccolo riflesso dell'infinita beatitudine che scaturisce dal vostro stesso Sé".

Per indicare uno *jnani*, il Signore Krishna usa la parola *"samyami"'*, ovvero colui che ha un controllo completo sulla mente e sui sensi possedendo sia *shama* che *dama*. *Shama* è la quiete mentale che nasce quando le *vasana* (tendenze latenti) sono state sradicate. Una persona che possiede *shama* non cede ai desideri ed è equilibrata in ogni circostanza. *Dama* si riferisce al controllo degli *indriya* (sensi). Uno *samyami* mantiene la mente unita all'intelletto e non permette che si unisca ai sensi e si diriga verso i loro oggetti.

Gli *Yoga Sutra* di Patanjali parlano dell'Ashtanga Yoga, o otto "membra", i passi necessari per raggiungere l'unione con il Divino. Gli ultimi tre passi sono *dharana, dhyana* e *samadhi*. Nel *dharana* si cerca di concentrare la mente su un oggetto o sul Sé interiore. Attraverso *dhyana*, la persona è in grado di focalizzarsi solo sull'oggetto della meditazione. Nel *samadhi*, il meditatore e l'oggetto della meditazione diventano una cosa sola. Tutti e tre questi tre passi vengono chiamati *"samyama"* e lo yogi che li pratica con successo è anche chiamato *samyami*.

Shankaracharya dice che un *samyami* è privo di *kartrtva bodha*, della sensazione egoistica di essere l'esecutore delle azioni. Pertanto, non è vincolato dal frutto delle sue azioni, che compie considerandosi uno strumento nelle mani di Dio, e accetta ogni risultato che ne deriva come volontà divina.

Conobbi Amma nel giugno 1996 a Dallas, negli Stati Uniti, durante i miei studi superiori. Quando ebbi il primo darshan, Amma mi abbracciò e mi chiese sorridendo in tamil: "Amma vantāla?", ovvero, "Amma è entrata nella tua vita?". Sorrisi e annuii sebbene non avessi idea di cosa volesse dire. Il darshan di Amma e i *bhajan* di quella sera mi colpirono profondamente. Fui toccato dalla non ostentazione, dalla semplicità e umiltà di Amma. Andai via dopo i *bhajan*, ma la mia vita non sarebbe stata più la stessa.

Mi recai nella biblioteca dell'università del Texas ad Austin, dove studiavo, e trovai una biografia di Amma. Leggendola, fui profondamente colpito dalla sua vita e decisi di impegnarmi a seguire i suoi insegnamenti. Iniziai a frequentare i *bhajan* settimanali che si tenevano nella casa di un devoto ad Austin, imparai a recitare il *Lalita Sahasranama* e cominciai a leggere la serie *Svegliatevi Figli miei!* I miei vecchi amici e il mio vecchio stile di vita svanirono lentamente e la mia vita prese una direzione completamente diversa.

L'anno successivo partecipai ad uno stage estivo a Sunnyvale, vicino all'ashram californiano di Amma a San Ramon. A quel tempo Amma trascorreva più di due settimane a San Ramon e io andavo ogni sera e ogni fine settimana ad incontrarla. Durante il tour di Amma negli Stati Uniti cercai di recarmi in alcune delle città in cui si tenevano i suoi programmi. Quando tornai in Texas, la responsabilità di organizzare e condurre i *bhajan* settimanali di Amma ad Austin ricadde sulle mie spalle. Lentamente, cominciai a capire cosa intendesse Amma quando mi chiese: "Amma vantāla?". Stava semplicemente prendendo il controllo della mia vita! Il mio dottorato, che avrebbe dovuto essere un'attività a tempo pieno, divenne gradualmente un'attività a tempo perso.

Presto aumentò il mio desiderio di vivere nel suo ashram e cominciai ad accennare delicatamente la cosa ad Amma. Una volta le chiesi di trovarmi un piccolo posto nella sua grande organizzazione. Lei rise e mi disse che la vita nell'ashram non era facile, ma sentivo che avrebbe accettato se avessi continuato a chiederglielo. Purtroppo mi mancava il coraggio perché non sapevo se sarei riuscito a sopportare il rigore della vita monastica. Ero anche preoccupato della reazione dei miei genitori. Su indicazione di Amma completai il mio dottorato, ma anche allora non ebbi il coraggio di ripetere la mia richiesta.

Una notte, mentre ero in piedi accanto ad Amma mentre dava il darshan a San Ramon, lei disse sarcasticamente: "Se hai paura, allora vai e stai fuori al buio!".

Compresi il significato di questa frase solo molto tempo dopo. Un avatar come Amma è come il fulgido sole che disperde le tenebre della nostra ignoranza. Nel *Lalita Sahasranama*, Devi è descritta come "ajnana dvanta dipika", ovvero "la vivida lampada che disperde le tenebre dell'ignoranza" e anche come "bhakta harda tamo bheda bhanumad bhanu santatih": i raggi di sole che disperdono le tenebre dal cuore dei devoti. Vivere in presenza di una Maestra come Amma, che è un faro per milioni di persone, è come camminare in pieno giorno: le questioni mondane e la vita spirituale acquisiscono maggiore chiarezza. Per contro, vivere nel mondo materiale ed egoista è come muoversi nell'oscurità. Amma stava dicendo che, se non avessi avuto coraggio, sarei rimasto nell'oscurità.

All'incirca due anni dopo il mio dottorato Amma mi portò finalmente ad Amritapuri. Mi vengono in mente i versi di un *bhajan*:

> *amma ki chaya me mera safar*
> *ye teri krpa hai meri ma*

Il viaggio della vita si svolge all'ombra protettiva e fresca della Madre; merito solo della grazia di mia Madre.

duniya ki maya sagar mein
dub raha tha meri ma
balo se pakad ke mujhe
kaise bacaya jagadamba

Stavo annegando nell'oceano dell'illusione di questo mondo.
O Madre, afferrandomi per i capelli, come hai fatto a salvarmi?

Nella *Bhagavad Gita*, Arjuna chiede al Signore Krishna di descrivere il comportamento di uno *jnani*: come siede, cammina, parla, ecc. La domanda è chiaramente sulle differenze esteriori o grossolane che esistono tra uno *jnani* e un *ajnani*. Il Signore risponde parlando delle differenze interiori o sottili dello stato mentale. Dalla domanda di Arjuna e dalla risposta di Sri Krishna possiamo vedere che la differenza tra un *ajnani* e uno *jnani* è pari a quella tra la notte e il giorno.

Il succo di questo concetto è magistralmente esposto nel *Tirumandiram* di San Tirumular:

marattai maraittatu mamata yanai
marattil maraindatu mamata yanai
parattai maraittana parmudal bhutam
parattil maraindana parmudal bhutame

Il legno è nascosto dalla sagoma dell'elefante.
L'elefante scompare nel legno.
I cinque elementi grossolani celano il Supremo.
I cinque elementi grossolani scompaiono nel Supremo.

Un bambino si reca in un tempio con il padre e vede la figura enorme di un elefante e si spaventa. Il padre, che è falegname, lo rassicura dicendo che l'elefante non è vivo, ma è di legno. È stato realizzato e dipinto così bene da sembrare vero. Per il bambino l'elefante è reale, mentre per il falegname lo è il legno. Allo stesso modo, alle persone comuni che percepiscono unicamente il mondo della materia costituito dai cinque elementi grossolani, il Principio supremo è nascosto, mentre uno *jnani* vede chiaramente il Principio supremo; il mondo materiale è come se non esistesse per lui.

Amma illustra lo stesso messaggio attraverso questa chiara analogia: "Quando nel tempio si celebra l'*arati*, tutte le altre luci vengono abbassate o spente; resta solo la luce della fiamma nella lampada a olio o della canfora che viene fatta ondeggiare davanti all'idolo a simboleggiare che solo ritraendosi dai sensi che percepiscono gli oggetti esterni si scopre la luce interiore".

Prendiamo ad esempio una barca: se il mare è calmo naviga piacevolmente, mentre se è mosso potrebbe venire sballottata facilmente. Un sottomarino, invece, non è toccato nemmeno da una tempesta o da un forte vento. Noi siamo come una barca, facilmente scossi da circostanze di grande turbolenza che scuotono il corpo o la mente. Un *samyami*, invece, è come un sottomarino, non toccato dalle circostanze esterne. Se riusciamo ad immergerci profondamente in noi, faremo l'esperienza della quiete mentale.

Amma dice: "Quando le onde della nostra mente turbolenta si placano, il substrato immobile risplende. Questo substrato è l'essenza della religione. Dio è presente in ognuno di noi, in tutti gli esseri e in tutte le cose". Tuttavia, il nostro attaccamento alle persone e agli oggetti ci impedisce di percepire l'essenza sottostante. Se pratichiamo anche solo un po' di distacco, Amma ci ricompenserà generosamente.

Ricordo un episodio accaduto mentre studiavo ancora negli Stati Uniti. Il mio compagno di stanza messicano, che praticava la medicina cinese e l'agopuntura, era anche devoto di Amma. Quando stava per tornare definitivamente in Messico, decisi di fargli un regalino in segno di amicizia. A quel tempo avevo una bellissima foto dei piedi di Amma. Era una foto rara, comprata di recente, a cui ero molto affezionato; la veneravo quotidianamente. Amma insegna che un modo per sviluppare il distacco verso gli oggetti materiali è sbarazzarsi delle cose a cui siamo fortemente attaccati. Decisi di regalare al mio amico questa foto come dono d'addio, sforzandomi così di sviluppare il distacco. Lui accettò di buon grado il regalo.

Dopo la sua partenza, sentii una fortissima nostalgia della foto e mi chiesi: "Perché ho regalato quella foto? Avrei potuto regalargli qualcos'altro!".

Poco dopo, subito prima che Amma arrivasse a Dallas, ricevetti una telefonata dagli organizzatori del programma che mi chiedevano se volessi eseguire la *pada puja* ad Amma quando entrava nella sala del darshan. Rimasi sorpreso perché, all'epoca, questa opportunità veniva offerta solo ai devoti che la conoscevano da molto tempo mentre io l'avevo incontrata da neanche due anni. Svolgere la *pada puja* ad Amma era un mio sogno che si avverava e accettai immediatamente l'invito. Rinunciando alla foto a me cara dei suoi piedi, fui benedetto con l'opportunità di eseguire questa cerimonia ai suoi veri piedi. Lo interpretai come un messaggio di Amma: se riesco a rinunciare ai miei attaccamenti agli oggetti materiali, la ricompensa mi porterà una gioia maggiore. (Non sto dicendo che non dovremmo essere attaccati alle foto di Amma!)

In tutti e tre gli stati di coscienza (veglia, sogno e sonno profondo), le persone comuni non sono consapevoli della Realtà, mentre uno *jnani*, che si è risvegliato alla Realtà, rimane testimone in tutti e tre gli stati. Anni fa alcuni di noi andavano ogni fine settimana all'ashram di Madurai per condurre programmi di *satsang* e *bhajan*. Un devoto che era cieco dalla nascita suonava le tabla per noi. Un giorno gli chiedemmo se di notte facesse dei sogni e cosa vedesse in questi sogni. Ci rispose che i suoi sogni erano solo uditivi e non visivi. Così, proprio come lo stato di sogno è un'estensione dello stato di veglia, l'ignoranza della nostra vera natura continua nei tre stati. Ovviamente non capiamo gli aspetti sottili della mente e del cuore nemmeno quando siamo completamente svegli.

Quando dirigevo il corso di elettronica all'Università Amrita, un mio studente non aveva passato nessun esame delle materie del primo anno del corso di laurea in Tecnologia (B.Tech.). Come da regolamento ripeté il primo anno, ma anche allora fu bocciato in tutti gli esami. Ciò significava rifare per la terza volta il primo anno. Dopo aver discusso la questione con altri docenti chiamai i suoi genitori e dissi loro che per il ragazzo sarebbe stato meglio rinunciare a un corso di laurea in ingegneria poiché non stava facendo alcun progresso. Aggiunsi anche che non solo le tasse scolastiche sarebbero state più alte ma anche che stava perdendo alcuni anni nella sua carriera.

Lo studente non era d'accordo, ma non disse nulla. Accompagnai lui e suo padre ad incontrare Amma e le riferii cosa avevamo deciso. Amma gli sorrise con compassione e gli chiese: "Figlio, vuoi andare via? Non vuoi laurearti in ingegneria?".

Con le lacrime agli occhi, lo studente disse che sapeva di non essersi applicato negli studi, ma che avrebbe voluto avere un'altra possibilità. Con l'approvazione di Amma, continuò a frequentare lo stesso corso e cominciò ad ottenere risultati migliori. In seguito, venni a sapere che durante le vacanze partecipava alle attività dell'ashram e che si era affezionato ad Amma e all'ashram. Pertanto non voleva allontanarsi da questa atmosfera sacra. Al contrario di noi, Amma vide chiaramente nel suo cuore. Alla fine, per grazia di Amma, si laureò e adesso ha un buon impiego a Bangalore.

Ciò che sembra uno scarabocchio incomprensibile per i non addetti ai lavori può essere in realtà un capolavoro, una magistrale rappresentazione delle emozioni e della psiche umana per un intenditore. Allo stesso modo, potremmo non essere in grado di dare un senso all'universo apparentemente caotico e irrazionale. Per uno *jnani*, tuttavia, l'intera creazione è un campo-giochi divino. Sri Ramakrishna Paramahamsa ha detto che questo mondo è una dimora di gioia.

Per chi ha realizzato il Sé non esistono paura, dolore o altre emozioni negative, ma solo beatitudine. Anche se il mondo che vediamo è quello che vede anche Amma, le nostre esperienze sono molto diverse dalle sue. Amma ha detto: "L'intero universo è come una bolla dentro di me". Non riusciamo nemmeno ad immaginare questo stato. Vediamo Amma comportarsi come una di noi, ridere o piangere con noi, ma non dobbiamo mai dimenticare che lei è su un piano completamente diverso. Amma è la perfetta *samyami*, completamente non identificata con il suo corpo. Se non lo fosse, non potrebbe dare il darshan per così tante ore al giorno da 45 anni. Amma mangia e dorme pochissimo ed è in grado di trascendere il dolore e il disagio fisico. Nessuna persona ordinaria può fare ciò che lei ha compiuto. Amma non è mai turbata da nulla, che si tratti di uno tsunami, di una pandemia o di qualche problema nelle sue istituzioni. Stabilita nell'equanimità, dirige la sua attenzione sulle azioni positive da compiere.

Per vedere il fondale di un lago coperto da alghe e dal fango bisogna prima rimuovere lo sporco e poi aspettare che le increspature sulla superficie dell'acqua si attenuino. La nostra mente è come un lago sporco. Amma dice che dobbiamo compiere azioni altruistiche con *sraddha* e compassione e coltivare un atteggiamento di accettazione. Così facendo, la nostra mente si purifica. Pratiche spirituali come il *japa* (ripetizione di un mantra) e la meditazione aiutano a controllare la mente e i sensi. Se poi guardiamo dentro di noi possiamo fare l'esperienza, con la grazia di Amma, della nostra vera natura. Amma dice che la grazia di Dio è ciò che corona ogni sforzo con il successo. Sri

Ramana Maharshi afferma che la grazia del Guru è il fattore più importante, quello fondamentale, per realizzare il Sé. Tutti gli altri sono secondari.

Possa Amma riversare la sua grazia infinita su tutti noi affinché possiamo realizzare la nostra vera natura.

21

Perfezione nell'azione

Swamini Chitprabhamrita Prana

Anni fa, il terreno dove oggi si trova questa sala era paludoso e ogni sera dopocena, tranne nei giorni di *bhava darshan*, si svolgeva il *seva* della sabbia. A un'estremità di questo terreno c'era un mucchio di sabbia e i *satsang* si tenevano lì, poco prima del *seva* della sabbia.

Una sera toccò a me tenerne uno. Swami Amritageetananda mi aveva assegnato l'argomento. Avrei dovuto parlare del *bhakti yoga* basandomi sull'*Upadesha Saram*[9]. Ero entrata a far parte dell'ashram da poco e poiché non conoscevo quel testo non vi feci alcun accenno mentre preparavo il discorso. Feci dei riferimenti solo a ciò che Amma ci aveva insegnato sul *bhakti yoga*.

La mattina del discorso Swami Amritageetananda mi chiamò e mi disse di citare alcuni punti specifici delle sue lezioni sull'*Upadesa Saram*. Cominciai a preoccuparmi perché non avevo incluso nessuno di quei punti nel mio *satsang* e non avevo più tempo per aggiungerli.

Quella sera, dopo i *bhajan*, poco prima che il mio *satsang* iniziasse, vidi Amma seduta accanto al mucchio di sabbia. Era sola.

---

[9] Il termine *bhakti yoga* si riferisce alla via della *bhakti*, della devozione, come mezzo per giungere all'unione con Dio. Sentieri analoghi sono il *karma yoga*, il sentiero dell'azione, e lo *jnana yoga*, quello della conoscenza. L'*Upadesha Saram*, letteralmente, "l'Essenza dell'insegnamento spirituale", è un'opera di Sri Ramana Maharshi (1879 – 1950), un saggio realizzato vissuto a Tiruvannamalai.

Andai da lei, mi prostrai e le confidai le mie paure. "Amma, non credo che quello che ho preparato sia ciò che Amritageetananda Swami si aspetta. Ho paura! Per favore, sii con me". Amma rispose: "Figlia, tieni il tuo *satsang* senza temere. Amma sarà con te!". La mia ansia era tale che non udii quasi quello che Amma diceva. Disperata, le afferrai la mano e le dissi di nuovo: "Amma, ti prego, sii con me!".

Nonostante fossero poche le persone che assistevano al mio discorso, io tremavo. Mentre ero in piedi e recitavo il *dhyana shloka* (versi di benedizione) iniziò a piovere. La maggior parte dei presenti si rifugiò nelle capanne vicine e non rimase nessuno. Io non potevo andarmene perché ero l'oratrice. Vidi qualcuno che camminava verso di me con un grande ombrello bianco. Essendo assorta nel *satsang*, non guardai meglio per capire chi fosse. La persona con l'ombrello si avvicinò a me e mi sussurrò all'orecchio: "*Mukke* (soprannome che Amma mi ha dato, riferendosi al mio naso prominente), parla senza avere paura!".

Amma stessa era in piedi accanto a me e reggeva l'ombrello per ripararmi dalla pioggia! Ero stupita e commossa dal fatto che avesse mantenuto la sua promessa ("Amma sarà con te!") alla lettera.

Incontrai Amma per la prima volta nel 1985, quando frequentavo la prima superiore. Mio padre era andato da lei per primo. Amma gli chiese: "Perché non hai portato i tuoi figli?".

Così, lui portò tutta la famiglia ad incontrarla. La mia famiglia amava tantissimo i *Mahatma* e si recava spesso ad incontrare queste anime spiritualmente illuminate. Il giorno in cui andai da Amma non ero sicura di volerla conoscere perché avevamo altri programmi per quel giorno. La mia idea di un *Mahatma*, basata su quelli che avevo incontrato nel corso degli anni, era quella di un uomo anziano con i capelli arruffati e una barba bianca fluente.

Quando mio padre mi disse: "Amma è una bellissima yogini di 32 anni con occhi neri e profondi, un anello al naso scintillante e un sorriso accattivante", accettai di andare ad incontrarla. Ci recammo da Amma la sera. Prima di vederla, udii la sua voce. Stava cantando dei *bhajan*. Mi parve di essere trasportata in un regno completamente diverso: quella voce sembrava non appartenere a questo mondo. Quando vidi Amma e i suoi figli cantare, mi chiesi perfino se fossero davvero di questo mondo. L'atmosfera era carica di sacralità. Ero talmente rapita che non mi accorsi della fine dei *bhajan* e che Amma stava dando il darshan. Erano presenti pochissime persone. A quel tempo, Amma dava la cenere sacra sfusa, non nei pacchettini. Me ne diede un po', ne applicò un altro po' sulla mia fronte e mi baciò. Con un sorriso birichino disse: "Figlia, sei venuta! Continua a venire!".

Dopo che tutti noi avemmo ricevuto il darshan, mi accorsi che Amma aveva spalmato la cenere sacra solo sulla mia fronte e non su quella dei miei familiari. Sentivo di appartenerle. "Ecco perché mi ha riservato questo trattamento speciale!", pensai con un senso di superiorità.

Dopo questo incontro, i miei pensieri erano irresistibilmente rivolti ad Amma. Desideravo stare di nuovo con lei. Questa fu la mia prima esperienza di un amore travolgente.

Mi iscrissi a un'università di Calicut vicina alla casa di un devoto. Ogni volta che Amma si recava a casa sua, in qualche modo lo venivo a sapere e andavo lì senza che la mia famiglia ne fosse al corrente. Guardavo Amma provare i *bhajan* con i *brahmachari*.

Piangevo e la supplicavo di farmi restare nell'ashram, ma a quel tempo le ragazze potevano vivere nell'ashram solo con la loro famiglia e quindi non nutrivo molte speranze. Col passare degli anni, Amma permise alle ragazze di rimanere come *brahmacharini*. Diede anche a me il permesso di restare, ma poiché all'epoca frequentavo solo il secondo anno di università, mio padre venne e mi riportò a casa con la forza. Ero distrutta. Dopo aver completato gli studi universitari, con molte difficoltà e solo con la grazia di Amma riuscii a realizzare il mio sogno di lunga data di rimanere per sempre con Lei.

Nel corso degli anni, Amma mi ha benedetto con meravigliose ed innumerevoli esperienze spiritualmente elevanti. Permettetemi di condividere una di queste gemme preziose.

Quando diventai un'ashramita, mi fu assegnato il *seva* di lavare i vestiti per i residenti occidentali che avevano bisogno di una mano per lavarli essendoci poca acqua nell'ashram. A quell'epoca, poiché l'acqua era disponibile solo in alcuni giorni della settimana, quando mancava, noi *brahmacharini* incaricate di questo *seva* attraversavamo le *backwater* per andare a lavarli da *Sajini-ceci*, la sorella minore di Amma.

Inizialmente una *brahmacharini* anziana ci insegnò come fare poiché prima di vivere nell'ashram non avevamo mai lavato da sole i nostri indumenti. Anche se i capi erano molti, ci piaceva lavare perché Amma chiedeva spesso nostre notizie. Inoltre, il pensiero che lei li avesse toccati durante il darshan ci invogliava. Un giorno, Bri. Bindu e io stavamo lavando i panni insieme e uno dei capi era un paio di jeans blu nuovissimi con qualche macchiolina. Ci avevano insegnato a usare della candeggina in pasta per smacchiare. Per ignoranza, la applicammo su ogni macchia. Potete immaginare il risultato! Dopo aver finito di lavare i pantaloni trovammo grandi cerchi bianchi al posto delle macchie. Non era ciò che ci aspettavamo!

All'improvviso ebbi un lampo di genio e dissi a Bindu: "Nella *Bhagavad Gita*, il Signore Krishna dice: '*Yogah karmasu kaushalam*', ovvero, 'Lo yoga è maestria nell'azione' (2.50)". A quel tempo, avevo frainteso il significato di "*kaushalam*" pensando che volesse dire "astuzia". Ero quindi convinta che il Signore volesse dire:

"Ottieni il frutto del tuo lavoro in un modo o nell'altro". Così dissi: "Usiamo la nostra *kaushalam* (astuzia): se applichiamo la candeggina su tutti i jeans saranno tutti bianchi". E così facemmo! Il giorno dopo, il proprietario dei jeans si lamentò perché non riusciva più a trovarli. Gli dicemmo che li avevamo lavati e consegnati e gli chiedemmo di controllare di nuovo. Dopo averlo fatto, tornò e disse che ce n'era solo un paio vecchio; i suoi jeans blu nuovi di zecca erano spariti. Con sfacciataggine gli rispondemmo di vedere se ci fosse il suo nome sul paio vecchio. Quando lo fece, il poveretto rimase scioccato nel rendersi conto che il nuovo paio di jeans era in condizioni pietose. Sconvolto, andò da una *brahmacharini* anziana a lamentarsi. Quando lei ci interrogò, confessammo ciò che avevamo fatto. Ci rimproverò aspramente e poi, con nostro grande sgomento, raccontò tutto ad Amma. Amma ci convocò, ci sgridò e poi si scusò con l'uomo a nome nostro. Gli disse: "Queste figlie non sono abituate a svolgere questo lavoro. Non l'hanno mai fatto a casa loro e hanno agito senza sapere come fare".

A tali parole, l'uomo si calmò e se ne andò pacificato senza dire altro.

Rivolgendosi a noi, Amma disse: "Figlie, dovreste sforzarvi di adempiere perfettamente ai vostri compiti. Mentre lavate ogni capo, immaginate di rimuovere le impurità dalla vostra mente e ogni volta che togliete una macchia immaginate di eliminare le impurità accumulate vita dopo vita. Alla fine di ogni giornata, visualizzatevi mentre offrite la vostra mente purificata a Dio. Agendo in questo modo, il vostro *seva* vi aiuterà a purificare la vostra mente e solo allora diventerà *karma yoga*".

Dopo questo fatto, il nostro atteggiamento nei confronti del *seva* cambiò totalmente. Prima lo svolgevamo come se fosse un gioco, ma da quel momento in poi cominciammo a compierlo con la massima attenzione. Cercavamo la più piccola macchiolina e la toglievamo con cura, pensando che stesse rispecchiando le nostre impurità mentali. In questo modo cercavamo di rendere perfette le nostre azioni. Così, nella sua semplicità, Amma ci insegnò come trasformare il *karma* (le azioni) in *karma yoga*. Il Signore Krishna dice,

buddhiyukto jahatiha ubhe sukrita dushkrite
tasmad yogaya yujyasva yogah karmasu kaushalam

Chi è dotato della saggezza di una mente equanime, ha trasceso meriti e demeriti. Dedicati quindi allo yoga. Lo yoga è maestria nell'azione. (*Bhagavad Gita*, 2.50)

I semi arrostiti non germoglieranno mai, perfino in circostanze favorevoli. Allo stesso modo, l'ego di chi abbandona ogni suo agire a Dio non rialzerà la testa. Il Signore Krishna ci esorta a non dimenticare mai, anche mentre siamo immersi nell'azione, che non siamo né chi la compie né chi raccoglie i suoi risultati bensì semplici strumenti nelle mani del Divino.

Dovremmo essere totalmente assorbiti in ciò che facciamo agendo al tempo stesso con animo distaccato. Per loro natura, le azioni creano vincoli. Agire in modo che non ci vincolino è la vera maestria. Per esempio, se ungiamo con l'olio le mani prima di tagliare il jackfruit, il suo succo appiccicoso non si attaccherà alla pelle.

La sola intenzione del karma yogi è acquisire purezza mentale senza curarsi del *punya* (merito) o del *papa* (demerito) generato con le sue azioni. Che ci piaccia o meno, è una legge della natura raccogliere ciò che si semina: le buone azioni producono buoni risultati e le cattive azioni cattivi risultati. Agire con discernimento e senza aspettarsi alcun frutto, andando quindi oltre *punya* e *papa*, è *karma kushalata*, un agire sapiente.

Un uomo di nome Komu morì e la sua anima salì in cielo. Gli mancavano la moglie e i figli e si sentiva solo e triste. Improvvisamente, sentì una voce alle sue spalle che gli diceva dolcemente: "Per favore, fermati!".

Si volse e vide una forma bellissima.

"Chi sei?", chiese.

"Sono il risultato delle tue buone azioni nella vita. Vengo con te", rispose la forma.

Tutto contento, l'uomo riprese il suo viaggio, accompagnato dai suoi meriti.

A un tratto sentì una voce terribile che gridava: "Fermati subito!".

Girandosi, vide una figura terrificante stagliarsi. Tremando di paura, chiese: "Chi sei?".

La figura rispose: "Sono il risultato delle azioni cattive che hai commesso. Anch'io vengo con te".

L'uomo replicò: "Non ti voglio. Sono in piacevole compagnia dei miei meriti".

"Non hai scelta. Tu mi hai creato e ti seguirò come un'ombra. Avresti dovuto pensarci prima di compiere delle cattive azioni", esclamò la figura.

Ecco perché il Signore dice che dovremmo sforzarci di trascendere sia i meriti che i demeriti. Entrambi creano vincoli. Mentre le cattive azioni sono paragonabili a una catena di ferro, le buone azioni sono come una catena d'oro. Questa è la loro unica differenza.

Amma ci esorta sempre a vivere nel presente. Quando siamo completamente immersi nel momento presente, siamo consapevoli e attenti e ogni nostra azione diventa perfetta, piacevole e bella. Di fatto, la vita non è che l'incessante serie del momento presente, uno dopo l'altro.

La parola "presente" può assumere tre significati. Può voler dire dono, riferirsi a questo momento o essere associata alla presenza. Ogni "momento presente" è un "presente" di Dio. Quando la nostra presenza è completamente nel momento, possiamo offrirla a Dio come oblazione o dono da parte nostra. In altre parole, le azioni che si compiono con un atteggiamento di abbandono del corpo, della mente e dell'intelletto, diventano degne di essere offerte a Dio.

Guardate Amma: ogni sua azione è piena di grazia e di bellezza essendo senza attaccamento a qualsiasi cosa faccia. Ciascuna delle migliaia di persone che si recano al suo darshan ha solo pochi momenti preziosi con lei, ma tali istanti diventano cari ricordi. Questi momenti preziosi infondono loro la forza mentale e l'energia per affrontare le sfide della vita. Questo perché Amma agisce dal reame del Sé, dove non vi è che beatitudine. Una scintilla di questa beatitudine tocca il Sé della persona che riceve il darshan e la ispira a tornare per un altro darshan. Per ottenere il pieno beneficio della sua grazia, la nostra mente deve però essere aperta.

Quando ci viene affidato un compito, il più delle volte ci concentriamo sui suoi aspetti difficili e in tal modo ci sentiamo sopraffatti. La sfida ci sembra così grande che la nostra mente perde fiducia e potremmo persino decidere di rinunciare.

Ricordo una storia. Un uomo si avvicinò al Buddha e gli confidò che la sua mente era molto disturbata. Il Buddha gli disse di portare del sale, di scioglierlo in un bicchiere d'acqua e di berlo. L'acqua era così salata che l'uomo riuscì a berne solo una goccia. Il Buddha gli disse poi di prendere la stessa quantità di sale, di gettarla in un lago e infine di bere quell'acqua. L'uomo poté farlo senza problemi perché nell'acqua del lago non c'era traccia di sale.

Il Buddha disse: "In entrambi i casi, hai aggiunto la stessa quantità di sale. L'unica differenza era la quantità d'acqua in cui l'hai aggiunto". Nella vita, tutti incontrano problemi. In base a quanto è vasto l'orizzonte della mente che li affronta, essi vengono percepiti come grandi o piccoli".

La vita di Amma è costellata di problemi e sfide fin dai suoi primi giorni di vita, ma nessuna difficoltà ha mai creato la più piccola increspatura nella sua mente vasta come l'universo. Se un elefante entra in uno stagno limpido, l'acqua diventa torbida, ma se si immerge nell'oceano, il colore dell'acqua non cambia. La mente di Amma è profonda e onnicomprensiva come l'oceano. Infatti, i problemi si sgretolano di fronte alla sua mente universale. Ci agitiamo quando siamo di fronte a difficoltà perché la nostra mente è chiusa e gretta. Il responsabile di tutto questo è l'ego. Amma usa diversi strumenti per sradicare l'ego dei discepoli: alimenta in loro i valori e li ispira ad agire in modo che siano di beneficio agli altri. Questo è il più grande miracolo compiuto da Amma. La sua Grazia ha cambiato molte vite.

Ogni respiro di Amma è per la felicità dei suoi figli e la fatica fisica a cui si sottopone per noi è inimmaginabile.

Ecco un'altra storia. Mentre sedeva in braccio al padre, una bimba gli chiese: "Papà, il viso della mamma è bellissimo, ma perché le sue mani sono nere e deformi?".

Il padre rispose: "Quand'eri molto piccola, la culla in cui dormivi prese fuoco. Quando tua madre capì che non c'era altro modo per salvarti, ti tirò fuori dalla culla senza proteggere le sue mani e le ustioni riportate le hanno sfigurate per sempre".

Nell'udire tali parole, la ragazza pensò che le mani della madre fossero le più belle del mondo.

Un giorno un devoto chiese ad Amma perché parte della guancia sinistra fosse gonfia. Amma rispose: "Non è la guancia sinistra ad essere gonfia, ma la destra che si è appiattita poiché tengo premuti i devoti contro questa guancia durante il darshan".

Possiamo notare una chiazza rotonda e scura sulla guancia destra di Amma. Lei non si è mai lamentata di questo, anzi, quando un devoto le ha fatto delle domande a riguardo, ha risposto con disinvoltura: "È il segno dell'amore dei miei figli!".

In Cina cresce un tipo di bambù noto come bambù cinese. Il contadino ne pianta i semi, aggiunge del fertilizzante e aspetta pazientemente. Il primo anno non spunta nulla, ma il contadino continua a concimare e ad annaffiare e lo fa per tre o quattro anni. Finalmente, nel quinto anno, il seme germoglia. La pianticella inizia a crescere rapidamente e può raggiungere 25 o 40 metri di altezza nel giro di sei settimane.

Quanto tempo ha impiegato la pianta a crescere: cinque anni o sei settimane? La risposta è cinque anni. Durante questi cinque anni la pianta sviluppa radici che penetrano profondamente nel terreno acquisendo in tal modo la forza necessaria per sostenere un albero così alto. Non è possibile vedere esternamente questa crescita. Cosa accadrebbe se il contadino, frustrato nel non vedere alcun risultato, smettesse di prendersi cura dei semi? Non ci sarebbero alberi di bambù. Sono la fede, la pazienza e la dedizione dell'uomo che rendono fruttuosi i suoi sforzi.

Allo stesso modo, anche se non notiamo alcun segno tangibile di crescita spirituale, Amma continua a nutrirci pazientemente e amorevolmente, sapendo che i suoi figli cresceranno, se non oggi, domani. Poiché l'acqua e il fertilizzante provengono da Amma, non c'è dubbio che i suoi sforzi daranno frutti.

Amma ha acceso una lampada d'amore nel cuore di ognuno di noi. Proteggiamo questa fiamma con cura. La luce di questa "lampada perenne" illuminerà il nostro cammino e ci aiuterà a superare gli ostacoli e i pericoli. Possa Amma benedire tutti noi affinché custodiamo sempre la sua luce e il suo amore nei nostri cuori.

22

"Nessun mio devoto è mai perduto!"

Bri. Chinmayamrita Chaitanya

Il Signore Krishna afferma: "Persino il più grande peccatore, se mi adorasse e fosse interamente devoto a Me, andrebbe considerato un uomo retto perché ha preso la giusta decisione". (*Bhagavad Gita*, 9.30). Il potere della devozione è tale che trasforma il peccatore in un santo.

Classici esempi sono Angulimala e Valmiki: prima di voltare pagina, entrambi rubavano e uccidevano, ma dopo aver sviluppato un'esclusiva devozione a Dio divennero modelli di virtù.

Krishna dice poi ad Arjuna: "Proclama che il Mio devoto non sarà mai perduto". (9.31).

Perché il Signore non lo proclamò Lui stesso? Perché chiese ad Arjuna di farlo? Se lo avesse dichiarato Arjuna, un devoto, Dio avrebbe accolto sicuramente le sue parole, perché il Signore non permetterebbe mai che le parole dei Suoi devoti non si avverino. Durante la guerra del Mahabharata, Sri Krishna aveva fatto voto di non impugnare nessun'arma; ma quando Bhishma, un Suo sincero devoto, giurò che avrebbe ucciso Arjuna oppure indotto Sri Krishna ad impugnare un'arma, il Signore brandì immediatamente il suo disco (*sudarshan chakra*) come arma per proteggere Arjuna e per esaudire le parole di Bhishma, anche se ciò comportava la violazione del Suo stesso voto.

Analogamente, per Amma i suoi figli sono tutto. Lei dice persino che i suoi figli sono il suo Dio. Molti anni fa, io e una *brahmacharini* andammo a Mangalapuram per il programma di Amma. Al termine del darshan, quando stava per partire, ci mettemmo entrambe vicino alla porta della sua stanza per salutarla. Poiché stava andando via subito dopo il programma, non avevamo avuto il tempo di lavarci. Ci eravamo sporcate facendo *seva* e i nostri piedi e vestiti erano pieni di fango. Quando Amma ci vide, disse: "Figlie, Amma vuole parlarvi. Salite entrambe sull'altro veicolo".

Sebbene non ci fosse chiaro cosa intendesse, annuimmo. Mentre saliva in macchina, si volse a guardarci e ripeté: "Dovete salire entrambe sull'altro veicolo". Poi si allontanò per visitare la casa di un devoto. La seguimmo e anche alla fine della visita ci ridisse la stessa cosa. Eravamo così ottuse che ancora non capivamo cosa volesse dire con "l'altro veicolo". Una *brahmacharini* che aveva udito le parole di Amma ci chiese di salire sul camper di Amma. Saltammo immediatamente sull'immacolato camper e lo sporcammo di fango!

Dopo un po' Amma salì a bordo del camper. Vedendola, una *brahmacharini* disse, allibita: "Amma! È vero o sto sognando?".

Amma le chiede un pizzicotto e rispose: "Tu che dici?".

Dissi ad Amma che avevamo sporcato il suo camper e lei rispose: "Mi piace la polvere dei piedi dei miei figli".

Ero stupefatta. Capii che per Dio i devoti sono tutto. Amma è sempre grata ai suoi figli.

Il Signore Krishna dice che ci sono quattro tipi di devoti: *arta, artharthi, jijnasu* e *jnani*. L'*arta* è colui che, afflitto e infelice, implora Dio chiedendoGli di alleviare le sue sofferenze. L'*artharthi* prega per la realizzazione dei suoi desideri. Lo *jijnasu* ricerca la conoscenza e adora il Signore affinché gliela accordi. Lo *jnani* è il saggio, colui che ha realizzato il Sé. Tra i quattro tipi di devoti, Krishna dice che lo *jnani* gli è più caro.

Qualsiasi cosa i devoti desiderino, Dio cerca di accordargliela per poi elevarli gradualmente a un livello di consapevolezza superiore. Questo lo si vede chiaramente con Amma, paragonabile a un incessante fiume d'amore. Alcuni usano Amma, altri la amano. C'è gente che la insulta, altra che la venera e altra ancora che non si avvicina nemmeno a lei. Come un fiume, Amma accoglie tutto e tutti: santi o peccatori, ricchi o poveri, intelligenti o ignoranti. Amma riceve tutti allo stesso modo.

Dio protegge sempre i devoti. Krishna si spinge oltre e dice che anche un peccatore, se decide di cambiare vita e di seguire la via del *dharma* (rettitudine) sarà salvato, cioè verrà protetto dal Signore. Il medico presta maggiore attenzione ai pazienti che sono in terapia intensiva. Allo stesso modo, Amma è più attenta alle persone che hanno maggiormente bisogno delle sue premure.

Ricordo un fatto avvenuto anni fa durante uno dei tour di Amma nell'India del Nord. Un devoto portò con la forza un suo amico, bevitore e fumatore incallito, al darshan di Amma di Mumbai. Dopo ogni sbornia, l'uomo litigava con i familiari distruggendo l'armonia in casa. Quando questi arrivò di fronte ad Amma era in un bagno di sudore freddo e le sue mani tremavano perché non aveva potuto bere o fumare nelle ultime ore. Inoltre era preoccupato di non essere accolto amorevolmente, come gli altri, da Amma. Quando le fu davanti, Amma gli strofinò affettuosamente il petto, gli accarezzò le guance e lo guardò con amore. Spiazzato, l'uomo abbracciò Amma e scoppiò a piangere. Nessuno dei due disse nulla. Dopo un lungo darshan, Amma gli chiese di sedersi accanto a lei. Seduto lì, l'uomo si calmò e si ricompose e non ebbe alcun sintomo di astinenza da alcol o da tabacco. Dopo un po' si alzò e andò a casa.

Tornò il giorno dopo con la sua famiglia. Quando questa volta si recò al darshan, Amma gli disse: "Amma sa che è molto difficile per te smettere di fumare e di bere, ma non preoccuparti. Andrà tutto bene".

L'uomo rimase sorpreso perché non aveva accennato alle sue dipendenze e ancora una volta scoppiò a piangere. "Amma", disse, "mentre sono con te riesco a controllare la mia mente, ma quando non ci sei è molto difficile per me stare lontano dalle mie cattive abitudini".

Amma rispose: "Figlio, non preoccuparti. Domani c'è il Devi Bhava darshan e Amma ti darà un mantra per aiutarti a controllare la voglia di bere o di fumare".

Dopo aver ricevuto il mantra da Amma, riuscì gradualmente a vincere il desiderio di bere e di fumare.

Sono innumerevoli gli episodi come questo. Nel suo caso, Amma gli impartì un mantra, in altre situazioni dà alle persone qualche pillola *kasturi* che fa miracoli, ma solo grazie al suo *sankalpa* (intenzione divina).

Un sacerdote viveva di fronte a una prostituta. Ogni giorno contava quanta gente andava dalla donna e pensava costantemente alle sue attività peccaminose.

La prostituta, invece, pensava sempre a Dio e, pentita di quello che stava facendo, chiedeva perdono a Dio.

Quando morì, raggiunse Vaikuntha, la dimora del Signore Vishnu, mentre il sacerdote, quando morì, andò all'inferno perché la sua mente era costantemente concentrata sui peccati della prostituta.

Ciò che conta non è quello che fanno gli altri, ma se siamo o meno connessi a Dio. Siamo aperti ad Amma indipendentemente da ciò che facciamo? Se lo siamo, Amma si prenderà cura di tutto.

Amma ha raccontato che alcuni bambini che venivano da lei non l'hanno più fatto durante l'adolescenza, dando priorità agli amici e alle attività di gruppo. Però alla fine sono tornati da Amma perché lei aveva seminato in loro i semi della spiritualità, della devozione e dell'amore quando erano piccoli. Tale è la potenza della grazia e della compassione di Amma. Lei dice che pianta il seme della spiritualità in ogni persona che viene da lei anche una sola volta: al momento giusto, il seme germoglierà. Chi altri se non Amma può fare questo?

Il seguente fatto è accaduto all'Amrita Vidyalayam di Delhi. Il marito di una delle impiegate della scuola aveva avuto un ictus ed era stato ricoverato in terapia intensiva. In seguito all'ictus fu colpito da paralisi e perse completamente la parola. I medici dissero alla moglie che forse non sarebbero stati in grado di salvarlo e anche se ci fossero riusciti l'uomo avrebbe potuto rimanere in uno stato vegetativo per il resto della sua vita. La moglie era distrutta e venne a piangere da me: "Signora, la prego, vada a trovare mio marito! Sono convintissima che Amma farà qualcosa attraverso di lei".

Pregando Amma con tutto il cuore, andai da suo marito. Poiché le visite ai pazienti in terapia intensiva devono essere brevi, ripetei diciotto volte "Aum Amriteshwaryai Namah" e poi me ne andai. Diedi alla moglie un libro dell'*archana* e le chiesi di recitare l'*Ashtottaram* (108 attributi) di Amma e di ripetere "Aum Amriteshwaryai Namah" il più possibile. La donna si mise a pregare intensamente Amma e con grande sorpresa dei medici il marito mostrò segni di miglioramento. Nel giro di pochi mesi, si riprese del 70-80%.

Quando Krishna affermò che anche i peggiori peccatori vanno giusti se si ravvedono, aggiunse una condizione: avere *ananya bhakti*, una devozione incessante o esclusiva per Dio. Ciò significa che il devoto deve percepire il Signore in ogni creatura.

Tuttavia Amma non pone clausole così severe ai suoi figli. Se abbiamo anche un briciolo di devozione, è pronta ad aiutarci e il seguente episodio lo dimostra.

Secondo le istruzioni di Amma, tutte le scuole Amrita Vidya-layam conducono la Sanskriti Puja il giorno di Guru Purnima. Durante questa *puja*, i bambini adorano i loro genitori come Shiva e Shakti. Amma dice che i genitori, soprattutto la madre, sono i primi guru del bambino. I bambini eseguono la *pada puja* (lavanda rituale dei piedi) ai genitori, li cingono con una ghirlanda e offrono loro *dhupam, dipam, karpuram* e *naivedyam* (rispettivamente incenso, luce, fuoco e cibo). Recitano anche un'*archana* (ripetizione dei nomi del Signore) dedicandola ai genitori. Un giorno, uno di questi padri seduti per la *puja* cominciò a ricordare come avesse maltrattato e trascurato sua madre per molto tempo ritenendola un peso. Quando il suo bambino svolse la *puja*, l'uomo fu preso dai rimorsi e scoppiò a piangere nel rammentare i sacrifici che sua madre aveva affrontato per crescerlo.

Al termine della *puja*, andò subito dalla madre, la fece sedere su una sedia, si sedette ai suoi piedi e celebrò la stessa *puja*. Quando la madre gli chiese: "Figlio, che cos'è successo?", lui le raccontò in lacrime come quel giorno a scuola il suo bambino l'avesse onorato seguendo le osservanze per Guru Purnima, come ne fosse rimasto toccato e come la *puja* gli avesse fatto ricordare quanto l'avesse trattata male. Infine le disse implorando: "Madre, ti prego, perdonami!".

Più tardi l'uomo inviò una lettera alla scuola in cui raccontava cos'era successo. Sebbene non fosse un devoto di Amma e si relazionasse con lei solo attraverso la scuola, aveva preso la giusta decisione e Amma aveva riversato su di lui la sua benedizione. L'aveva aiutato a pentirsi e a riparare ai suoi errori.

Amma ha assunto la forma di una madre. Una comune madre ha un amore incondizionato verso il proprio figlio. L'amore di Amma è quello di *Jagajjanani* (la Madre dell'universo), la cui compassione infinita fluisce verso tutti i Suoi figli.

È impossibile descrivere la gloria di Amma. Ecco la parafrasi di un verso dello *Shiva Mahimna Stotra* (Inno di lode al Signore Shiva): anche se si prendesse una montagna d'inchiostro, lo scuro oceano come calamaio, un ramo di un albero celeste come penna e la terra come pergamena, e anche se la dea Saraswati scrivesse senza mai fermarsi, anche allora, o Amma, sarebbe impossibile lodarti a sufficienza.

Possa Amma benedire tutti noi con una devozione esclusiva.

23

Sfuggire a Maya

Br. Ramanandamrita Chaitanya

Più di dieci anni fa ero in piedi a fianco di Amma durante un darshan quando arrivò un devoto con una lunga lettera che voleva che traducessi ad Amma.

La lettera iniziava così: "Mio cugino ha un tumore al pancreas". Per essere sicuro di tradurre tutte le parole correttamente in malayalam, consultai prima un dizionario sul mio smartphone. Quando ebbi finito di tradurle la lettera, Amma mi guardò come se fossi impazzito e disse: "Non capisco l'hindi!" e poi chiese ad una delle assistenti del darshan di tradurre.

Dopo aver letto la lettera e detto ad Amma che il "cugino" dell'uomo aveva "un tumore al pancreas" (dicendo entrambi i termini in inglese mentre io li avevo tradotti in malayalam), Amma si rivolse a me e disse: "Solo se traduci così posso comprendere".

Imparai un'importante lezione da questo fatto. Come traduttore, il mio compito era aiutare Amma a comprendere qualsiasi domanda o problema avesse la persona venuta per il darshan. Io invece avevo tentato di fare colpo su Amma con la mia padronanza del malayalam perdendo così di vista l'obiettivo. Questo è ciò che succede per la maggior parte della nostra vita: siamo così presi dalle nostre idee che perdiamo la visione globale della vita.

Le Scritture affermano:

brahma satyam jagat mithya iti evam rupah vinishcayah

Solo il Supremo è reale. La creazione è irreale. Questa è una ferma convinzione. (*Vivecachudamani*, 20)

Qui la parola *mithya*, illusorio, si riferisce a ciò che nasconde la Verità o ci allontana da essa. Il Sanatana Dharma considera ogni cosa come parte del Supremo. La creazione è una manifestazione del Creatore.

La verità è che tutti, tranne gli *jnani* (conoscitori della verità) come Amma, sono intrappolati nella rete dell'illusione. Il Signore Krishna dice la stessa cosa e ci indica anche come andare dalla non Verità alla Verità.

daivi hyesha gunamayi mama maya duratyaya
mameva ye prapadyante mayametam taranti te

Questa mia divina illusione (Maya) composta dai tre *guna* (attributi) è difficile da superare. Solo chi si rifugia in Me può trascenderla. (*Bhagavad Gita*, 7.14)

La Madre Divina è considerata Maya. Il *Lalita Sahasranama* (i 1000 nomi della Madre Divina) saluta Devi come Maya (mantra 716). Questo potere incantatore universale è noto anche come *Maya-shakti*.

Esistono diversi testi che parlano della creazione e della natura della creazione. La *Brihadaranyaka Upanishad* afferma che nulla esisteva [10]. Qui, per "nulla" si intende lo stato non manifesto di *Brahman*, il Supremo, il cui potere creativo è Maya o Shakti. Esso è formato da tre *guna* (attributi): *sattva, rajas e tamas*. Possiamo grosso modo tradurli, rispettivamente, come le qualità di bontà o armonia, azione o passione, letargia o distruzione. Nella sua forma manifesta, *Brahman* è noto come *mula-prakriti* (materia

---

[10] Altra traduzione possibile: "niente esisteva in principio".

primordiale) che ha dato origine ai *panca-bhuta* (i cinque elementi base): spazio, aria, fuoco, acqua e terra. Attraverso il processo noto come *pancikarana*, questi elementi sottili sono diventati grossolani. L'interazione dei tre *guna* con i cinque elementi base ha generato i 24 principi della creazione: *mahat* (grande principio), *buddhi* (intelletto), *ahamkara* (ego), *manas* (mente), i cinque *pancendriya* (organi di senso), i cinque *karmendria* (organi d'azione), i cinque *tanmatra* (elementi sottili) e i cinque *mahabhuta* (elementi grossolani).

Secondo la teoria del Big Bang, all'inizio l'energia era completamente dormiente. L'energia accumulata provocò un big bang. In modo simile, la *Aitareya Upanishad* dice che l'uno divenne molti in accordo con la volontà del Supremo e attraverso questo processo si sono sviluppati gli elementi della creazione.

Amma sottolinea come le incarnazioni di Vishnu rappresentino il processo dell'evoluzione. La prima incarnazione fu *matsya* (pesce), una creatura acquatica, seguito da *kurma* (tartaruga) un anfibio. Le incarnazioni successive furono tutte creature terrestri: *varaha* (cinghiale), *Narasimha* (metà uomo e metà leone), *Vamana*, un nano, ed infine il Signore Rama e il Signore Krishna.

Secondo la legge di conservazione dell'energia, l'energia non si crea né si distrugge: cambia solo forma. Ciò nonostante, la somma complessiva dell'energia nell'universo rimane costante. Il nostro concetto del Supremo è simile. *Nirguna Brahman* è il Supremo privo di attributi, senza forma e immutabile. *Saguna Brahman* è il Supremo con attributi e quindi assume delle forme. Entrambi sono comunque *Brahman*.

Ci si potrebbe domandare: "Faccio esperienza di ogni elemento del creato. Posso vederlo, toccarlo e sentirlo. Come può tutto ciò essere *mithya* (illusorio)?".

Amma dice: "*Mithya* significa semplicemente 'mutevole', non significa non-esistente bensì impermanente. Se il riso viene macinato diviene farina, che si trasforma in cibo e infine in feci. Si ha solo una trasformazione dell'elemento riso, che è ancora presente. Allo stesso modo, non c'è alcun mutamento in *Brahman*, l'Assoluto, benché il mondo sia soggetto al cambiamento. Solo *Brahman* è la Verità. Il mondo è illusorio. È molto difficile comprendere Maya, *Brahman* e tutti questi principi". (*Svegliatevi Figli Miei!* vol. 1, p. 242)

È difficile comprendere Maya con la mente e l'intelletto poiché la mente stessa è un prodotto di Maya.

Alcuni anni fa, durante un ritiro in Nord America, un devoto venne da me e mi disse che il giorno prima Amma gli aveva dato un nome spirituale e che voleva conoscerne il significato. Quando gli chiesi quale fosse il nome, mi disse "Anantate". "Che nome insolito", pensai, ma non volli disturbare Amma facendole domande a riguardo. Un devoto che stava in piedi accanto a me disse: "Non è forse un nome di Devi? È nel *bhajan Anantamayi Patarunnorakashame: "ammayille enikkammayille parayu parayu anantate"*. Quando controllai la versione inglese del libro dei *bhajan* trovai la parola "anandame" e non "anantate", mentre la versione in malayalam riportava "anantate". In ogni caso non riuscivo a capire come "anantate" potesse essere un nome. Decisi di utilizzare la mia conoscenza del sanscrito per dare al devoto una spiegazione del nome. In sanscrito "ananta" significa "infinito/espanso" e "te" "tuo"; quindi, il tuo infinito o espanso... cosa? Gli chiesi il suo cognome e rispose "Fondoschiena" rispose. "Il tuo infinito fondoschiena?" pensai. Lo guardai da cima a fondo. Il suo didietro era così ossuto!

Decisi di chiedere ad Amma, che si ricordò che quell'uomo era venuto il giorno prima per il darshan. Tuttavia negò di avergli dato un nome spirituale. Ma il devoto insisteva affermando di averlo ricevuto durante il darshan. Dissi ad Amma che gli era stato dato il nome "Anantate". A queste parole, Amma mi tirò con decisione le orecchie e disse: "Gli ho detto: un altro giorno[11]". Amma gli aveva chiesto di tornare un altro giorno! Molto rumore per nulla! Anche questo capita quando Maya getta il suo incantesimo su di noi. Applichiamo il nostro intelletto e la nostra mente, ma per quanto ci sforziamo non riusciamo a venirne a capo perché Maya è ciò che è privo di una vera esistenza[12].

Amma non ci hai mai detto di rifiutare il mondo perché è Maya; tutto ciò che dobbiamo fare è relazionarci con esso con la giusta comprensione, ovvero concentrarci sull'eterno pur vivendo nell'effimero.

Supponiamo di dover andare all'aeroporto di Kochi. Prenderemo l'autostrada. L'autostrada è la nostra destinazione? No. Allo stesso modo, sebbene ci siano molte cose che possono distrarci lungo la strada, rimaniamo concentrati sulla nostra destinazione: l'aeroporto.

Ogni oggetto del mondo presenta aspetti mutevoli, ma possiede anche una proprietà o una caratteristica che lo definisce e che rimane costante. È sufficiente concentrarsi su questa costante. Prendiamo ad esempio un'automobile: può piacerci o meno il suo colore, il modello, il marchio, le dimensioni o il tipo di pneumatici. Se ci fissassimo su questi dettagli, potremmo sentirci presto insoddisfatti, ma se rivolgiamo la nostra attenzione all'auto in sé e alla sua funzione, non accadrà.

Alcuni anni fa la Lexus bianca dell'ashram di San Ramon, che trasporta abitualmente Amma dalla casa in cui alloggia alla sala del programma, ebbe un piccolo incidente e quindi bisognava trovare un'altra macchina. Dopo averla pulita, prendemmo una

---

[11] (another day, N.d.T.).
[12] Altra traduzione: è ciò che non è.

piccola Honda Accord blu per accompagnare Amma dalla sala al suo alloggio. Mentre stava entrando in casa, un devoto le chiese: "Il viaggio è andato bene?".

Amma trovò strana la domanda e si chiese perché il devoto gliela avesse fatta: dopotutto si trattava di un breve tragitto. Il devoto le fece notare che era arrivata con un'auto più piccola. Con aria sorpresa, Amma guardò la Honda blu e domandò: "Ma non è la stessa auto che Amma usa sempre?".

Per Amma, non fa differenza che sia una Lexus o una Honda, un'auto lussuosa o non lussuosa, grande o piccola, bianca o blu. Lei si identifica con la costante tra le variabili. In questo caso, l'automobile.

Questo non significa che le auto siano il fattore permanente. A un livello più alto, il trasporto su strada è la costante e le auto, gli autobus e i treni sono le variabili. A un livello di astrazione maggiore, il trasporto è la costante, mentre i viaggi terrestri, aerei e marittimi sono le variabili. Se continuiamo a muoverci verso livelli più alti di astrazione comprenderemo che esiste solo una costante in questo mutevole universo di nomi e forme: *Brahman*. Tutto il resto è *mithya*.

Nel *Tattva Bodha*, Sri Shankara dice che il riflesso del Supremo in ogni individuo è il *jiva* e il suo riflesso nella creazione *Ishvara* (Dio). L'ego fa sentire il *jiva* separato dal Supremo e l'ignoranza fa apparire Ishvara come diverso dall'Assoluto. L'ego e l'ignoranza creano Maya.

Sri Shankara sostiene che per realizzare la Verità sono necessari alcuni requisiti: *viveka* (discernimento), *vairagya* (distacco), *shat-sampatti* (le sei virtù) e *mumukshutva* (desiderio intenso della liberazione spirituale). Le sei virtù sono *shama* (controllo della mente), *dama* (controllo dei sensi), *uparati* (equanimità), *titiksha* (tolleranza), *sraddha* (focalizzazione) e *samadhana* (accettazione e calma mentale).

Amma dice che un aspirante spirituale ha bisogno di *shraddha*, *bhakti* (devozione e dedizione) e *vishvas* (fede) per superare gli ostacoli sul sentiero spirituale. Il modo più semplice per vincere l'ego e rimuovere l'ignoranza è sforzarsi di essere degni della grazia del Guru. Per meritarla, dobbiamo avere *sharanagati* (abbandono). Potremmo avere l'impressione che Maya operi anche attorno ai *Mahatma* (anime spiritualmente illuminate) come Amma. In questo caso, dobbiamo chiederci se sono loro ad essere incantati da Maya o se è la nostra mente in preda all'illusione.

Nella *Bhagavad Gita*, il Signore Krishna dice:

namah prakashah sarvasya yoga-maya-samavṛtah mudho'yam
nabhijananti loko mam-ajam-avyayam

Celato da Yogamaya, Io non mi rivelo a tutti. L'ignorante non sa che sono il Non Nato e l'Inalterabile. (7.25)

Non tutto ciò che avviene attorno ad Amma può compiacere il tuo ego. Durante la registrazione di alcuni *bhajan* suonai l'harmonium. Dovevo aver commesso qualche errore che disturbò l'umore di Amma perché mi chiese di andarmene e disse ad un altro di suonare al mio posto. Avrei potuto scegliere di sentirmi avvilito e di lamentarmi con Amma perché il mio ego era stato ferito. Oppure avrei potuto concentrarmi su Amma anziché su ciò che mi era successo. Pregai umilmente di essere sempre capace di scegliere la seconda opzione in situazioni simili.

Nel 2007 Amma mi disse all'improvviso di conseguire un dottorato negli Stati Uniti (PhD). Aggiunse che voleva dei *brahmachari* sufficientemente qualificati per dirigere l'Università Amrita in futuro.

Arriviamo al 2008: sapevo che, trovandomi solo negli Stati Uniti avrei potuto sbagliare senza qualcuno che vegliasse su di me. Decisi di adottare alcuni principi che mi avrebbero aiutato a mantenermi concentrato sul sentiero spirituale.

Il primo accorgimento fu quello che chiamai "*sadhana* del cellulare": avrei visto il mio cellulare come un promemoria della mia connessione con Amma, la quale mi avrebbe potuto chiamare in ogni momento. Se mi avesse chiamato chiedendomi "Cosa stai facendo?", sarei stato in grado di dirle senza alcuna esitazione o senso di colpa quello che stavo facendo? Se sì, allora avrei continuato la mia attività, altrimenti avrei dovuto rivedere il mio comportamento.

Trovai ispirazione per il secondo accorgimento in Amma. Sebbene lei viaggi in molti Paesi da oltre trent'anni, non ha mai fatto giri turistici. Una volta, durante un viaggio in macchina, quando le indicai un bel panorama, si rifiutò di guardare fuori dal finestrino. Disse che le avrebbe ricordato che i suoi figli non potevano godere di quella vista ad Amritapuri; come poteva farlo lei se i suoi figli non potevano? Decisi che neanch'io avrei compiuto giri turistici. Confesso che ho visitato alcuni luoghi di bellezze naturali, ma per giustificarne la visita meditavo o recitavo l'*archana* in modo da spiritualizzarla. Così, se Amma me l'avesse chiesto, avrei potuto rispondere che avevo svolto la *sadhana* in quel posto.

Nel 2013 Amma mi chiese di prendermi cura dell'ashram di Boston. Quando vi andai per la prima volta fui ospitato da una coppia di devoti che desiderava portarmi a fare un giro. Nonostante gli avessi spiegato che per principio non facevo giri turistici, i devoti insistettero per farmi visitare la città di Boston. Nel vedere questo loro desiderio sincero, acconsentii.

Era il 15 di aprile del 2013, il giorno della maratona di Boston. La città era molto affollata. La coppia suggerì di visitare il museo della scienza. Pensai che, essendo un luogo di cultura, Amma non avrebbe avuto nulla in contrario se vi fossi andato. Anche se non ne avevo l'intenzione, non è nella mia natura rifiutare categoricamente e così finii per recarmi al museo con loro. Ero tormentato dal senso di colpa. Pensavo: "E se Amma mi chiamasse adesso? Come potrei giustificare questa visita come un'esperienza spirituale?".

La mia mente divenne creativa. Quando ci recammo nella sezione dedicata alla matematica, mi dissi che la spiritualità è un po' come la matematica perché richiede il discernere tra il *dharma* e l'*adharma*. Nella sezione dedicata alla fisica appresi gli aspetti che sottostanno alla legge del karma. La sezione dedicata alle scienze naturali mi insegnò che non ha senso sviluppare attaccamento per il corpo, che è inerte senza l'anima. In questo modo cercavo di spiegare razionalmente ciò che stavo facendo.

Improvvisamente scoppiò un gran trambusto. Gli agenti di polizia ci dissero di andarcene. Venni poi a sapere che verso le 14:55 due bombe erano esplose al traguardo della maratona di Boston, a meno di un miglio da dove mi trovavo.

Mentre mi allontanavo, pensai di essere riuscito a non fare il turista nei miei primi cinque anni negli Stati Uniti, ma la prima volta che ero andato a visitare la città c'erano state due esplosioni di bombe a meno di un miglio da me. Mi sentivo in colpa.

Mentre rientravamo in macchina squillò il telefonino. Guardai lo schermo: era un numero indiano! Sentii la voce di Amma: "Dove ti trovi ora?" mi chiese. Non ebbi il coraggio di dirle la verità, ma neppure mentii. Le dissi che stavo andando all'ashram di Boston. "Hai sentito la notizia dell'esplosione di una bomba?" mi chiese. Pensai che non ci fosse bisogno di sentire la notizia: ero così vicino che potei letteralmente sentire l'esplosione.

La sua chiamata mi ricordò che Amma mi tiene sempre d'occhio. Quando non ero riuscito a mantenere un voto che le avevo fatto, Amma era intervenuta per ricordarmelo.

Prego che tutti noi possiamo diventare degni della grazia di Amma, che lei ci tenga per mano e ci guidi verso il Supremo.

24

Solo con la Sua grazia

Br. Omkaramrita Chaitanya

Siamo tutti benedetti per essere nati nella stessa epoca di un grande Maestro come Amma. Vivere in sua presenza è fare davvero l'esperienza della vita spirituale. Nessun testo spirituale può insegnarci quello che possiamo imparare attraverso la guida personale di un Guru. Qualsiasi cosa lei ci dica di fare è per la nostra crescita spirituale ed ubbidendole possiamo ottenere pace e conforto.

La mia principale area di *seva* nell'ashram è la cucina, ed è attraverso questo *seva* che Amma mi sta guidando. Lei dice spesso che "Nulla è insignificante" e lo dimostra con le sue azioni. Un giorno, c'era una catasta di legna scoperta dietro la cucina. Per negligenza, non la spostai in un posto riparato prima che piovesse e quindi si bagnò. Alcuni giorni dopo Amma vide i ceppi bagnati e spostò personalmente l'intera catasta mettendola al riparo. Amma stava "dando l'esempio".

Tengo particolarmente a tenere la cucina pulita, ma chiedevo ai lavoratori giornalieri di farlo. Un giorno Amma entrò in cucina e si diresse subito verso gli scaffali delle verdure. Vedendo quanto fossero sporchi, prese alcuni stracci e cominciò a pulirli. Dopo averlo fatto, rimise al loro posto le verdure con grande attenzione e poi andò nella zona in cui si lavano i recipienti. I lavoratori non li avevano lavati bene e così mostrò loro come togliere lo sporco dai bordi e gli spiegò anche perché fosse importante pulirli.

Quando Amma fa qualcosa e poi ti spiega perché, impari bene la lezione. Dopo questo episodio, gli addetti alla cucina iniziarono a lavare i recipienti con maggiore impegno e attenzione. Ecco perché Amma è un leader così motivante. Invece di limitarsi a dare istruzioni, insegna praticamente come svolgere meglio i compiti, con più sincerità e cura. È per questo che si dice che la vita di Amma è il suo messaggio.

Prima di svolgere il mio *seva* nella cucina di Amritapuri ero al campus dell'Università Amrita di Ettimadai (Coimbatore). Lì, attraversai un periodo in cui non ero così vigile come avrei dovuto. Cominciai a trascurare le mie pratiche spirituali e a considerare perfino l'eventualità di condurre una vita nel mondo. Incapace di gestire l'altalenare della mia mente, decisi di confidarmi con Amma.

Andai ad Amritapuri e mi aprii con Amma, che gentilmente mi ascoltò con pazienza. Alla fine, abbracciandomi con affetto, mi disse: "Figlio, mi hai aperto completamente il tuo cuore. Possa la grazia guidarti a prendere la decisione giusta". Queste parole mi diedero un enorme sollievo e sentii che la mia confusione era svanita completamente. Sentii con certezza di non voler condurre una vita mondana, ma di dedicare il resto della mia vita a servire Amma con tutto il cuore. Questa esperienza mi fece capire che, per quanto grande possa essere un problema, se ci confidiamo con Amma, non potrà più assillare la nostra mente.

Potremmo pensare: se Amma sa tutto, perché raccontarle i nostri problemi? Sì, lei è onnisciente, ma noi non ne siamo completamente convinti. Quando ci apriamo ad Amma, in quei momenti diventiamo uno con lei e questa connessione interiore funge da canale per il flusso della sua grazia, che ci proteggerà da tutti i pericoli.

Dopo averle parlato, con il permesso di Amma, mi trasferii ad Amritapuri, dove mi fu chiesto di gestire la cucina dell'ashram.

Amma mi insegnò come gestirla sotto ogni aspetto: come preparare il tè e il curry, cucinare il riso, studiare il mercato di riferimento, contrattare con i venditori per ottenere i prezzi migliori...

In passato, nell'ashram si usava riempire grandi contenitori con tè al latte (*chai*). A volte, solo un terzo del *chai* nel contenitore veniva consumato, in particolare il mattino dopo il Devi Bhava, e di conseguenza ne andava sprecata una grande quantità. Amma mi chiese di preparare del tè nero e di tenere il latte bollito separatamente. In caso di bisogno, si sarebbe potuto aggiungere il latte al tè. Se avanzava del latte, lo potevamo utilizzare per fare lo yogurt. In tal modo non c'era nessuno spreco.

Per quanto riguarda il riso, Amma ci chiese di scegliere una varietà di riso i cui chicchi aumentavano notevolmente di volume cuocendoli e che aveva una durata di conservazione più lunga. Seguendo il suo consiglio, acquistai quattro tipologie di riso e misi a bollire la stessa quantità di riso di ciascuna varietà in diversi recipienti. Dopo averli pesati, li portai da Amma, pensando che avrebbe scelto quello che pesava di più e che si sarebbe complimentata con me per la mia perspicacia, ma lei mi corresse, spiegandomi che ciò che conta nel riso parboiled non è il peso ma il volume. I chicchi di migliore qualità diventano più grandi quando vengono cotti.

Non fermandosi qui, mi chiese di cuocere un chilo di ogni varietà di riso e di calcolare quante porzioni avremmo ricavato. Disse anche di prendere in considerazione le diverse categorie di consumatori: studenti, lavoratori, personale, residenti dell'ashram, ecc. Amma mi disse di cucinare il *kanji* (minestra di riso) nello stesso modo e di confrontare il consumo tra le diverse categorie di consumatori. Allo stesso modo, mi insegnò a osservare e a occuparmi delle varie fasi di preparazione del curry, dei *dosa*, degli *idli*, dell'*uppuma* e di altre pietanze. Mi considero immensamente benedetto per aver ricevuto una tale guida personalizzata da Amma, che ha ritagliato del tempo in mezzo al suo programma frenetico.

Un giorno, Amma mi telefonò e mi chiese del riso, delle verdure ed altri ingredienti. Dopo aver preso tutto, mi precipitai nella sua stanza. Quando arrivai, mi disse che stava per cucinare. Lavò il riso, sciacquò e tagliò le verdure che fece cuocere separatamente, aggiungendo gli ingredienti necessari mentre mi parlava. A un certo punto tacque. Dal profumo, Amma sapeva che il cibo era cotto a puntino e pronto per essere servito. Assaggiai ciò che aveva cucinato: delizioso! Tutto era perfetto: il tempo di cottura, la quantità di sale e tutto il resto. Senza togliere il coperchio a metà cottura per un controllo o un assaggio, Amma sapeva quando i piatti erano pronti dal profumo che emanavano. Disse che le persone della vecchia generazione erano così meticolose e precise che le loro abilità erano diventate istintive.

Amma non solo mi insegnò a cucinare, ma anche le basi delle procedure per gli acquisti. Per ogni articolo dovevo confrontare i prezzi provenienti da una decina di posti diversi. In tal modo ottenevamo le migliori offerte. Per gli ortaggi, Amma mi chiese di andare dai contadini che li coltivavano invece di comprarli al mercato per avere ortaggi più freschi e a un prezzo migliore. Il senso pratico di Amma, il suo acuto senso degli affari e la sua conoscenza del mercato sono davvero sorprendenti. Con la sua guida, ho sviluppato maggiore *shraddha* (attenzione).

Amritavarsham50, i festeggiamenti per il 50° compleanno di Amma, fu un evento di quattro giorni a cui parteciparono devoti da tutte le parti del mondo. Ogni giorno preparavamo pasti per circa mezzo milione di persone. Farlo richiedeva avere piatti a sufficienza. Dopo aver discusso la questione, il gruppo incaricato dell'acquisto di piatti di carta calcolò che avremmo dovuto ordinare circa quattro milioni di piatti di carta.

Quando lo riferimmo ad Amma, lei ci ascoltò attentamente mentre spiegavamo come eravamo arrivati a quel numero e poi disse: "Sarebbe un crimine contro la natura comprare quattro milioni di piatti di carta. Bisognerebbe abbattere tantissimi alberi per fabbricare un tale numero di piatti di carta. Si produrrebbero anche molti rifiuti che peserebbero sulla natura. Compriamo invece piatti di acciaio. Si possono lavare e riutilizzare, e dopo il compleanno possiamo inviarli ai nostri vari campus universitari, ospedali, filiali dell'ashram e scuole, dove occorrono piatti".

Amma mi chiese di scoprire di quanti piatti avesse bisogno ogni istituzione e filiale dell'ashram e anche di informarmi sul costo di diversi tipi e dimensioni di piatti. Dopo molte ricerche, andai da Amma con un piatto campione che costava trenta rupie per la sua approvazione. "Figlio", disse, "va bene, ma mi sembra un po' troppo pesante. Cerca piatti più leggeri che costino meno e siano di qualità superiore".

Due giorni dopo, il responsabile commerciale di un'azienda produttrice di piatti mi chiamò per parlarmi del suo prodotto. Dalla descrizione, pensai che rispondeva alle nostre esigenze. Dopo aver ottenuto un campione, lo mostrai ad Amma, che l'approvò all'istante. Comprammo 50.000 piatti per un quarto dell'importo che avremmo speso per i piatti di carta. Inoltre, raccogliemmo altri 50.000 piatti dalle nostre varie istituzioni. In tal modo riuscimmo a servire tutti con questi piatti. Ancor oggi usiamo questi piatti ad Amritapuri e nei nostri ashram affiliati.

Avevamo anche stimato il fabbisogno di circa 80.000 litri di latte. Contattai molte centrali del latte per sapere se potessero fornire una quantità così grande. Un'azienda del Tamil Nadu accettò di farlo a un prezzo ragionevole e si impegnò anche a fornirci altri latticini senza costi aggiuntivi. Contento di questa offerta, ne parlai con Amma.

Mi disse che il fornitore di latte doveva essere certificato dal governo e che avremmo dovuto finalizzare l'accordo solo dopo aver ricevuto una conferma. Contattai l'azienda chiedendo la certificazione governativa. Inviai una copia del certificato ad Amma che però volle vedere l'originale. Poiché l'azienda non era in grado di mostrarlo, l'accordo fu annullato.

L'unica opzione rimasta era quella di rivolgersi a Milma, una nota azienda statale del Kerala. Anche se non poteva offrirci gli stessi prezzi della latteria del Tamil Nadu, le sue condizioni erano interessanti. Milma avrebbe mandato un'autocisterna di latte sul luogo del programma dalle 4:00 alle 11:00 e dalle 15:00 alle 19:00. Potevamo prendere tutto il latte di cui avevamo bisogno e ci avrebbero addebitato solo quello effettivamente consumato.

Le nostre stime precedenti si rivelarono errate. C'erano molti negozi intorno al luogo del programma, frequentati da parecchie persone. Oltre a quello comprato da Milma, utilizzammo anche del latte in polvere. Alla fine, non acquistammo la quantità di latte che avevamo previsto inizialmente. Seguendo le istruzioni di Amma, non solo risparmiammo denaro, ma evitammo anche un enorme spreco.

Un anno dopo, quando lo tsunami colpì la costa dell'India meridionale, anche il villaggio di Alappad, dove si trova Amritapuri, fu gravemente colpito. Circa 150 abitanti del villaggio morirono. Amma cominciò immediatamente le attività di soccorso organizzando subito la cena per i sopravvissuti. L'ashram nutrì tutti gli abitanti del villaggio tre volte al giorno per mesi. Provai immensa contentezza nel fare la mia parte in questo *seva*. Inoltre, sotto la guida diretta di Amma, mi occupai di altri compiti quali organizzare il cibo per i residenti dell'ashram, gli studenti universitari, gli invitati ai matrimoni celebrati nell'ashram, e così via.

Dopo aver cucinato per numerosi eventi per diversi anni, avevo acquisito una notevole esperienza. Credevo di saperne abbastanza e non cercavo più con così tanta sincerità istruzioni da Amma. Lo facevo per pura formalità. Amma sa quando e come ridimensionarci.

Nel 2013, i festeggiamenti per il 60° compleanno di Amma (Amritavarsham60) si tennero presso il campus di Amritapuri dell'Università Amrita. L'evento durò tre giorni. Alle dieci del mattino del primo giorno avevamo già cucinato il pasto per tutti i presenti. Occorreva solo assicurarsi che fosse inviato ai vari posti di distribuzione. Fiducioso che l'avrebbero fatto senza problemi, mi presi una pausa, andai nella mia stanza e mi addormentai. Dopo un po', qualcuno mi chiamò concitato dicendo che il riso stava per finire e che molte persone non avevano ancora mangiato.

Mi precipitai in cucina. Di solito c'erano molti pentoloni pieni di acqua bollente. Bastava aggiungere del riso e dopo dieci o quindici minuti era cotto. Ma con mio grande sgomento non c'era nessun pentolone. Qualcuno li aveva portati via tutti senza dirmelo. Di norma tengo pronto del riso parzialmente cotto e delle verdure per queste eventualità, ma quel giorno non l'avevo fatto.

Recuperare i pentoloni, riempirli d'acqua, farla bollire e cuocere il riso... l'intero processo richiedeva alcune ore e i molti devoti che non potevano aspettare così a lungo andarono via senza mangiare.

Ero disperato. Andai da Amma e mi sedetti accanto a lei. Occupata a parlare con alcune persone, non mi degnò di uno sguardo. Disse loro che si sentiva molto triste per il fatto che parecchi devoti erano partiti senza mangiare. Poi, senza nemmeno guardarmi, tornò nella sua stanza. Sconvolto, andai nella mia camera e piansi a lungo.

Dopo due giorni, Amma mi telefonò confortandomi. "Molti devoti erano tristi per non aver ricevuto il *prasad* quel giorno", disse, "Anche tu dovresti *sentire* il loro dolore. È per questo che non ti ho parlato. A differenza degli anni precedenti, quest'anno non mi hai consultato sulle questioni che riguardavano la cucina. Ecco perché sono successe tutte queste cose. Che la grazia divina ti protegga" e poi riattaccò.

Dopo questa esperienza, ho capito che non posso fare nulla da solo e che, se Amma è con me, non c'è nulla che non possa fare. Amma dice che dovremmo diventare canali della grazia divina. L'acqua di una cisterna scorre liberamente attraverso un tubo vuoto internamente. Allo stesso modo, se la nostra mente è libera da desideri egoistici, diventeremo un canale della grazia divina. L'acqua scorre sempre verso il basso. Questo significa che dobbiamo essere umili se vogliamo ricevere la grazia.

Vyadha, il macellaio menzionato nel *Bhagavata Purana*, e le *gopi* (pastorelle) di Vrindavan svolgevano tutti lavori umili, ciò nonostante raggiunsero lo stato spirituale più elevato perché compivano ogni azione immersi nel ricordo del Signore Krishna. Il combattimento di Arjuna divenne un'offerta a Dio perché combatteva con un atteggiamento di abbandono al Signore.

Parlando dell'ashram, un giorno Amma disse: "Questo terreno è imbevuto delle lacrime di Amma e bruciato da carboni ardenti. Affrontando molte opposizioni, critiche e ostilità, e superandole tutte, Amma ha costruito questo ashram, fondato sull'amore e sul sacrificio".

Il *seva* assegnato da Amma è un'opportunità per purificarci e diventare così meritevoli della grazia. Non importa cosa facciamo, ma come lo facciamo; è l'atteggiamento dietro le nostre azioni che conta. Con il giusto atteggiamento, il lavoro diventa adorazione. Quando agiamo con un atteggiamento di abbandono, le nostre azioni (*karma*) diventano *karma yoga*. Possiamo tutti noi svolgere il nostro *seva* come un'offerta alla nostra amata Amma.

25

La Sua protezione

Bri. Nirmuktamrita Chaitanya

La *Bhagavad Gita* è l'essenza cristallizzata di tutte le Scritture. Impossibile descriverne la grandezza. Lo stesso Signore Krishna ne esalta la grandezza nell'ultimo capitolo di questo testo sacro:

> Colui che, mosso da supremo amore per Me, trasmette questo sublime e profondo segreto ai Miei devoti, giungerà certamente a Me. Nessuno può compiere un servizio a Me più caro, né ci sarà un altro sulla Terra che mi sarà più caro di lui.Chi studia questo sacro dialogo, mi onora con il sacrificio della conoscenza; questa è la mia convinzione. Chi ascolta questo colloquio con la massima fede e senza alcuna malizia sarà liberato dai peccati e raggiungerà i mondi celesti in cui dimorano i giusti. (18. 68 – 71)

Sebbene impartito ad Arjuna sul campo di battaglia di Kurukshetra, il consiglio del Signore è rivolto a tutti gli Arjuna, coloro che hanno bisogno di conforto e guida spirituale, in ogni tempo. Per trarre beneficio dai suoi consigli, il ricercatore deve tuttavia avere la maturità e l'attitudine necessari per apprendere diversi cammini che portano alla conoscenza suprema.

Nel nono capitolo, il Signore Krishna plaude al messaggio della *Gita* ritenuto la scienza suprema, la più segreta, e lo strumento di purificazione supremo (*rajavidya rajaguhyam pavitramidamuttamam* 9.2). Fra tutti i saperi, è la conoscenza del Sé (10.32). È la più segreta perché i malvagi, gli atei e gli indifferenti la troveranno difficile da comprendere.

Il Signore offre la promessa più rassicurante:

kshipram bhavati dharmatma shashvacchantim nigacchati
kaunteya pratijanihi na me bhaktah pranashyati

Presto, [il Mio devoto, N.d.T.] diventerà virtuoso e otterrà una pace duratura. O Arjuna, sappi per certo che il Mio devoto non perisce mai. (*Bhagavad Gita*, 9.31)

Chi si qualifica come devoto? Che cos'è la devozione? La devozione è amore per Dio, la dissoluzione della mente in Dio che avviene quando ci si dimentica del sé inferiore. Sri Shankara dice: "*Svasvarupanusandhanam bhaktirityabhidhiyate*", "La devozione è la ricerca del proprio Sé". (*Vivekachudamani*, 31)

Ricordare Dio è come piantare un seme: produrrà molti frutti. L'*ananya bhakti*, la devozione esclusiva, è simile al versare dell'olio in un flusso costante e ininterrotto. Nel devoto perfetto è possibile cogliere la purezza dei suoi pensieri, sentimenti ed emozioni. Amma dice: "Figli, coltivate un cuore simile a quello di un bambino".

Il Signore Krishna loda il devoto e la devozione sia nel nono capitolo che negli altri. Dice che Egli dimora nel devoto e che il devoto dimora in Lui. Coloro che meditano costantemente su di Lui come non separato dagli altri esseri, Lo adorano in tutte le creature. A loro accorda la Sua piena protezione e provvede ai loro bisogni. Questi devoti giungono infine a Lui, l'Essere supremo. Esiste una sola via che porta alla Liberazione: la vera conoscenza (*samyak jnana*), il fare l'esperienza che tutto è "*Vasudeva sarvamiti*", che Dio pervade il mondo intero.

Il Signore descrive quattro tipi di devoti: l'afflitto, colui che rincorre il godimento di piaceri e di ricchezze, il ricercatore della conoscenza e il conoscitore della Verità. Come già affermato, il devoto ideale appartiene all'ultima categoria. Mentre Arjuna ascolta gli insegnamenti del Signore, nella sua mente sorgono molti dubbi. Anche noi possiamo avere tali dubbi. Ad esempio, tutti sono uguali davanti a Dio? Oppure Dio fa delle discriminazioni? Il Signore chiarisce questi dubbi nei versetti 29-31 del cap. 9:

Io sono ugualmente presente in tutti gli esseri.
Nessuno Mi è odioso, nessuno Mi è caro,
ma quelli che mi adorano con devozione
dimorano in Me e Io in loro.
Persino il più grande peccatore,
se Mi adorasse e fosse interamente devoto a Me,
andrebbe considerato un uomo retto perché ha preso la giusta decisione. O Arjuna, costui diventerebbe presto virtuoso e otterrebbe una pace duratura.
Sappi che il mio devoto non perirà mai.

Amma dice: "Chi ha assicurato la propria auto e la propria casa non ha nulla da temere". Allo stesso modo, chi si è abbandonato a Dio non deve temere. Quando il Signore Krishna dice: "Il mio devoto non perirà mai", sta facendo la promessa che si prenderà cura di noi e ci proteggerà.

Ricordo la prima volta che incontrai Amma, nel 1994. Da quel giorno cominciai ad andare ogni settimana all'ashram di Kaimanam per i *bhajan*. Non conoscevo nessuno lì. Un giorno i *bhajan* finirono tardi. Andai alla fermata dell'autobus sulla strada, ma avendo sempre avuto una vista debole non riuscivo a leggere i tabelloni con gli orari né riconoscere i veicoli lontani. Per questo motivo, appena vedevo i fari di un veicolo gli facevo cenno di fermarsi avendolo scambiato per un autobus. Solo quando si avvicinava mi rendevo conto che invece era un camion, ad esempio. Dopo un po' smisi e pensai: "Amma, mandami un veicolo".

Dopo un po', un autobus si fermò per me. Era un autobus con fermate limitate e che abitualmente non si ferma mai dove stavo aspettando. Fui sorpresa. Salii sull'autobus e mi sedetti. Avevo una tessera per ipovedenti rilasciata dal governo che mi dava diritto a viaggiare gratuitamente. Il controllore si avvicinò e mi chiese: "Sorella, dove sta andando?". Gli mostrai la tessera e gli dissi la mia destinazione. Mentre stavamo per giungere alla mia fermata, mi disse: "Sorella, è molto tardi. Non cammini da sola. Lasci che le chiami un rickshaw". Ne chiamò uno.

Una settimana dopo incontrai una famiglia che in seguito venne ad abitare nell'ashram di Amritapuri e che si offrì di venirmi a prendere e di accompagnarmi con la propria auto. Così iniziai a viaggiare con loro.

Una volta non poterono darmi un passaggio e quindi mi misi ad aspettare sul ciglio della strada sperando di prendere un autobus. Dopo un po' ne arrivò uno che si fermò anche se non avevo fatto nessun cenno. Salii a bordo. Sentii una voce dietro di me: "Sorella, si ricorda di me?". Mi girai. Era il controllore che mi aveva procurato un rickshaw! Gentilmente lo fece di nuovo.

Dopo questo fatto, conobbi una famiglia di devoti che viveva vicino a casa e possedeva un'auto. Fui invitata a viaggiare con loro e così non dovetti più aspettare un autobus al buio. In tal modo Amma si è presa cura di me, che avevo preso rifugio in lei. Ancora oggi si prende cura di me come se fossi la figlia prediletta.

Amma è descritta come "*abrahma kita janani*", ovvero, la Madre di tutti, da Brahma all'insetto più piccolo (*Lalita Sahasranama*, 285). Come il sole che risplende su tutto il creato, Amma riversa il suo amore su tutti allo stesso modo, indipendentemente dalle nostre mancanze. La soluzione definitiva a tutti i problemi della vita è seguire gli insegnamenti di Amma e cambiare il nostro atteggiamento. Se i meriti acquisiti nelle nostre vite precedenti ci hanno condotto a un Guru, la capacità di discernere sorgerà in noi.

Un uomo intrappolato in un fiume abitato da coccodrilli si salva aggrappandosi al ramo sporgente di un albero che cresce sulla riva del fiume. Allo stesso modo, una fede forte e radicata nella consapevolezza ci salverà dalle insidie.

Il Signore dice che anche i malvagi non periranno se Lo adoreranno con fede incrollabile. Potremmo pensare: "Questo ci dà la licenza di fare qualsiasi azione malvagia!". Tale atteggiamento non è corretto. Azioni immorali e devozione a Dio sono incompatibili. Quando cominciamo a credere e ad adorare veramente Dio, abbandoniamo i nostri scellerati stili di vita. Quando la nostra devozione non lascerà spazio ad altri pensieri, raggiungeremo la liberazione in questa stessa vita.

Migliaia di persone che erano immorali sono cambiate dopo aver ricevuto il darshan di Amma. Molti sono riusciti a smettere di fumare e di bere. Questa cosa mi ricorda un episodio che mi raccontò una *brahmacharini*.

C'era una famiglia che viveva a Kasargod. Il capofamiglia era un alcolista. Un giorno andarono da Amma in auto. Durante il tragitto, l'uomo si fermò in un bar e bevve molto. In qualche modo raggiunsero l'ashram sani e salvi. L'uomo disse alla moglie: "Vai al darshan e torna presto. Io vado a fare un giro e a vedere cosa offre questo posto. Se fai tardi, me ne andrò senza di te!".

Quando la moglie tornò dal darshan, non riuscì a trovare il marito. Mentre lo cercava con ansia, qualcuno le disse che lo avevano portato al darshan. Quando incontrò il marito più tardi, vide che stava piangendo a dirotto. "Quando sono andato al darshan", raccontò l'uomo, "Amma mi ha chiesto: 'Figlio, bevi e picchi tua moglie e i tuoi figli ogni giorno?'". Queste parole lo hanno cambiato completamente e hanno portato la pace nella famiglia.

La compassione di Amma è incommensurabile. Ognuno di noi deve avvicinarsi a lei. Dobbiamo diventare strumenti nelle sue mani e degni della sua grazia. È il nostro ego che non ce lo permette. Amma ci ricorda costantemente che può solo riempire un vaso vuoto. Preghiamo Amma affinché ci renda umili e meritevoli della sua grazia divina.

GLOSSARIO

Acharya: colui che riunisce i principi fondamentali delle Scritture, li radica nella tradizione e li osserva nella pratica.

Advaita: non due; non duale; filosofia che sostiene che il *jiva* (anima individuale) e il *jagat* (universo) sono in essenza tutt'uno con *Brahman*, la Realtà Suprema.

Ahankara: da *"aham"* (io), e *"kara"* (il creatore). Ego o individualità, sensazione di essere un'entità separata dal resto dell'universo.

Ajnani: non istruito, ignorante.

Angulimala: "ghirlanda di dita". L'appellativo di un brigante che indossava una ghirlanda composta con le dita mozzate alle sue vittime. Dopo aver incontrato Buddha, cambiò radicalmente.

Archana: recita di 108 o 1.000 nomi di una particolare divinità (come nel caso del *Lalita Sahasranama*, i 1.000 nomi della dea Lalita).

Arjuna: valoroso arciere, uno degli eroi del *Mahabharata*. Krishna impartì ad Arjuna il Suo insegnamento nella *Bhagavad Gita*.

Artha: meta, ricchezza, bene materiale; uno dei quattro *purusharta* (obiettivi della vita umana).

Artharthi: uno dei quattro tipi di devoti menzionati nella *Bhagavad Gita*; l'*artharthi* è colui che prega per ottenere prosperità materiale.

Ashram: monastero. Amma dice che questo termine è composto da *"a"* (quello), e *"shramam"* (sforzo): luogo in cui ci si sforza di realizzare il Sé.

Ashtottaram: litania di 108 attributi di una divinità, di un'incarnazione divina o di un santo; forma breve di *Ashtottara-shatam* (108) o *Ashtottara-shata-namavali* (108 nomi).

Atma: il Sé o l'Anima.

Avatar: dalla radice sanscrita *"ava-tarati"*: discesa. Incarnazione divina.

Bhagavad Gita: Opera in versi composta da 18 capitoli in cui il Signore Krishna fornisce consigli ad Arjuna sul campo di battaglia di Kurukshetra, poco prima che i virtuosi Pandava combattano contro i malvagi Kaurava. La *Bhagavad Gita* è una guida pratica per superare le crisi nella vita personale o sociale ed è l'essenza della saggezza vedica.

Bhajan: canto devozionale o inno di lode a Dio.

Bhakti: devozione per Dio.

Bhava: stato d'animo o atteggiamento divino.

Bhava darshan: vedi darshan.

Bhava samadhi: stato di estasi devozionale.

Bhavatarini: Colei che libera l'anima dal ciclo di nascita e morte; una forma della dea Kali.

Bhishma: patriarca dei Pandava e dei Kaurava. Sebbene combattesse a fianco dei Kaurava durante la guerra del Mahabharata, era un difensore del *dharma* e simpatizzava con i virtuosi Pandava.

Brahma: Signore della creazione nella triade hindu.

Brahmachari: discepolo celibe che pratica le discipline spirituali sotto la guida di un guru. (*Brahmacharini* è l'equivalente femminile).

Brahman: Verità ultima al di là di ogni attributo; la Realtà suprema che è il substrato dell'esistenza; il terreno divino su cui poggia la vita.

Brahmasthanam: la "dimora di Brahman", il nome dei templi che Amma ha consacrato in varie parti dell'India e alle Mauritius. Nel sancta sanctorum vi è un simulacro quadrangolare unico nel suo genere, che simboleggia l'unità che sottende la diversità delle forme del Divino.

Bramino: membro della casta sacerdotale.

Buddhi: intelletto, facoltà di discernere.

Ciapati: sorta di piadina indiana.

Ceci: "sorella maggiore" in malayalam.

Citta: spazio in cui sono immagazzinate le impressioni mentali; a volte si usa questo termine per indicare il cuore.

Dakshinamurti: Una forma del Signore Shiva. Con il corpo rivolto a sud, è seduto sotto un albero di baniano, circondato da discepoli. Considerato il Guru per eccellenza, comunicava con i discepoli attraverso il silenzio.

Dama: autocontrollo.

Darshan: incontro con una persona santa o visione del Divino. Il Devi Bhava (stato d'animo divino di Devi) si riferisce allo stato in cui Amma rivela la sua unità e identità con la Madre Divina. Krishna Bhava (stato d'animo divino di Krishna) si riferisce allo stato in cui Amma rivela la sua unità e identità con il Signore Krishna.

Devi: la Dea/la Madre Divina.

Dharana: concentrazione. Sesta delle "otto parti" (*ashtanga*) dello yoga descritte dal saggio Patanjali nei suoi Yoga Sutra.

Dharma: ciò che sostiene (la creazione). In genere è riferito all'armonia dell'universo, a un codice di condotta retta, a un dovere sacro o alla legge eterna.

Dhyana: meditazione.

Dhyana shloka: verso benedicente.

Dosa: crêpe sottile e saporita.

Dronacharya: il guru dei Pandava e dei Kaurava nel Mahabharata.

Dvaita: dualità; filosofia che sostiene che Dio e l'anima individuale sono due entità.

Ekalavya: personaggio del Mahabharata; un principe tribale famoso per la sua abilità nel tiro con l'arco.

Guna: le qualità della natura, che sono tre: *sattva*, *rajas* e *tamas*. Gli esseri umani esprimono una combinazione di queste qualità. *Sattva* è associata alla calma e alla saggezza, *rajas* all'attività e all'irrequietezza e *tamas* all'ottusità o all'apatia.

Guru: maestro spirituale.

Guru Purnima: giorno di luna piena (*purnima*) del mese indù di Ashadha (giugno-luglio) in cui i discepoli onorano il Guru. Tale giorno è anche l'anniversario della nascita del saggio Vyasa, che redasse i Veda e scrisse i *Purana*, i *Brahmasutra*, il *Mahabharata* e lo *Srimad Bhagavatam*.

Guruvayurappan: forma del Signore Vishnu, il Protettore nella triade hindu, venerato soprattutto in Kerala.

Hatha yoga: esercizi fisici, o *asana*, concepiti per migliorare il benessere generale, tonificando il fisico e aprendo i vari canali energetici del corpo in modo che l'energia scorra liberamente; questa pratica comprende anche la scienza del *pranayama* (controllo del respiro) e i *mudra* (gesti esoterici delle mani che esprimono energie o poteri specifici).

Idli: sorta di polpetta salata cotta al vapore e preparata con una pastella fermentata di riso e lenticchie.

Indriya: senso (organo).

Ishvara: Signore; il Divino che ci guida interiormente.

Japa: ripetizione di un mantra.

Jijnasa: desiderio di conoscere (Dio).

Jijnasu: uno dei quattro tipi di devoti menzionati nella *Bhagavad Gita*. Lo *jijnasu* desidera conoscere Dio, ha sete di questa conoscenza.

Jiva: il sé o anima individuale.

Jnana: conoscenza della Verità.

Jnani: uno dei quattro tipi di devoti menzionati nella *Bhagavad Gita*. Lo *jnani* è colui che conosce Dio, il Sé.

Kali: Dea dalla carnagione scura e dall'aspetto terribile. Indossa una ghirlanda di teschi e una cintura composta da mani umane. Il nome Kali è il femminile di Kala (tempo).

Kama: desiderio.

Kamsa: zio materno del Signore Krishna.

Kanji: minestra di riso.

Karma: azione; attività mentale, verbale e fisica; catena di effetti prodotti dalle nostre azioni.

Karma kushalata: abilità o destrezza nell'azione.

Karma yoga: la via dell'azione, il sentiero del servizio disinteressato.

Kaurava: i 101 figli del re Dhritarashtra e della regina Gandhari. L'ingiusto Duryodhana era il figlio maggiore. I Kaurava erano nemici dei loro cugini, i virtuosi Pandava, contro i quali combatterono nella guerra del Mahabharata.

Kripa: grazia divina

Krishna: da "*krish*", che significa "attirare a sé" o "rimuovere i peccati". Krishna, l'incarnazione principale del Signore Vishnu, nacque in un famiglia reale, ma fu cresciuto da genitori adottivi a Vrindavan, dove trascorse la prima parte della Sua vita badando alle mucche. Fu amato e venerato dai pastorelli e dalle pastorelle, i Suoi devoti compagni *gopi* e *gopa*. In seguito fondò e regnò sulla città di Dvaraka. Amico e consigliere dei suoi cugini Pandava, in particolare di Arjuna. Guidò come auriga il suo carro durante la guerra del Mahabharata e fu ad Arjuna che impartì gli insegnamenti contenuti nella *Bhagavad Gita*.

Kuchela: amico d'infanzia del Signore Krishna.

Kurukshetra: campo di battaglia dove fu combattuta la guerra tra i Pandava e i Kaurava; anche metafora del conflitto tra il bene e il male.

Lalita Sahasranama: recitazione dei 1.000 nomi di Sri Lalita Devi, una forma della Dea.

Lila: gioco divino.

Mahabharata: antica epopea indiana composta dal saggio Vyasa che narra la guerra tra i giusti Pandava e i malvagi Kaurava.

Mahatma: "Grande Anima". Termine usato per descrivere chi ha raggiunto la realizzazione spirituale.

Malayalam: lingua parlata nello stato indiano del Kerala.

Malayali: persona la cui lingua madre è il malayalam.

Manana: riflessione su questioni spirituali.

Mantra: suono, sillaba, parola o parole di contenuto spirituale. I mantra sono rivelazioni che i *rishi* ricevettero durante la loro profonda contemplazione. Il Guru inizia i discepoli e i devoti a un mantra specifico per la sua crescita spirituale.

Matruvani: "Voce della Madre". Rivista pubblicata dal Mata Amritanandamayi Math, tradotta in 17 lingue.

Maya: Illusione cosmica, la tentatrice. Illusione, apparenza, in contrasto con la realtà; il potere creativo del Signore; vedi Shakti.

Mithya: mutevole, quindi impermanente. Anche illusorio o falso. Secondo il *Vedanta*, l'intero mondo fenomenico è *mithya*.

Moksha: liberazione spirituale, ovvero liberazione dal ciclo delle nascite e delle morti.

Nididdhyasana: profonda e protratta meditazione sulle affermazioni delle Scritture.

Nirguna: senza attributi (in opposizione a *saguna*).

Om (Aum): suono primordiale dell'universo; il seme da cui ebbe origine la creazione. Il suono cosmico che può essere udito nella meditazione profonda; la Parola Sacra insegnata nelle Upanishad, che significa *Brahman*, il terreno divino dell'esistenza.

Om Amriteshwaryai Namah: "Saluto la Dea immortale".

Pada puja: rituale in cui si esegue l'abluzione dei piedi come atto di adorazione.

Pandava: i cinque figli del re Pandu; i cugini di Krishna.

Papa: peccato, misfatto.

Paramatma: il Sé supremo.

233

Parashakti: il Potere supremo, personificato come la Dea o l'Imperatrice dell'universo.

Parvati: la sposa del Signore Shiva.

Yoga Sutra di Patanjali: aforismi composti dal saggio Patanjali sul percorso da intraprendere per purificare e trascendere la mente.

Payasam: budino solitamente di riso.

Prakriti: natura; materia primordiale.

Prana: forza vitale.

Pranava: la sillaba mistica "Aum" ("Om").

Prasad: offerta o dono a un santo o a un tempio, spesso sotto forma di cibo. Dopo essere stato benedetto, viene dato al devoto.

Prasada buddhi: atteggiamento che consiste nel considerare tutto ciò che si riceve come un dono di Dio.

Puja: rituale o cerimonia sacra.

Punya: merito spirituale.

Purna: pieno o intero/ pienezza spirituale.

Purusha: "uomo" in malayalam; il "Sé supremo" in sanscrito.

Rajas: vedi *guna*.

Ramakrishna Paramahamsa: maestro spirituale (1836-1886) del Bengala occidentale, acclamato come paladino dell'armonia religiosa. Promosse un rinascimento spirituale, ancora vivo nella vita di milioni di persone.

Ramana Maharshi: maestro spirituale (1879-1950) vissuto a Tiruvannamalai, nel Tamil Nadu. Raccomandava di seguire l'auto-indagine come via per la liberazione spirituale, anche se accettava anche altri sentieri e pratiche spirituali.

Rama: eroe divino del Ramayana. Incarnazione del Signore Vishnu, è considerato l'uomo ideale, la personificazione del *dharma* e della virtù. "Ram" significa "gioire", colui che ha la gioia nel cuore, il principio della gioia interiore; anche colui che rallegra i cuori degli altri.

Ramayana: epopea di 24.000 versi sulla vita di Rama e la sua epoca.

Ravana: potente demone. Vishnu si incarnò nel Signore Rama per ucciderlo e riportare così l'armonia nel mondo.

Rishi: veggente a cui vengono rivelati i mantra mentre medita profondamente.

Rukmini: la sposa principale del Signore Krishna.

Sadhana: Disciplina spirituale, insieme di pratiche spirituali eseguite con dedizione che portano a raggiungere la Meta suprema: realizzare il Sé.

Saguna: con attributi (in opposizione a nirguna).

Samadhi: letteralmente "cessazione di tutti i moti della mente"; unità con Dio; stato trascendentale in cui si perde ogni senso di identità individuale; unione con la Realtà assoluta; stato di intensa concentrazione in cui la coscienza è completamente unificata.

Samatva: equanimità.

Sambar: curry dell'India meridionale a base di lenticchie e verdure.

Samsara: ciclo di nascite e morti; il mondo del flusso; la ruota di nascita, decadimento, morte e rinascita.

Samyama: "tenere insieme""; composta dalle pratiche di *dharana*, *dhyana* e *samadhi*; anche controllo della mente; chi padroneggia questa pratica è chiamato *samyami*.

Sanatana Dharma: letteralmente "Religione eterna" o "Modo di vita eterno", il nome originale e tradizionale dell'induismo.

Sankalpa: risoluzione divina, solitamente associata ai *Mahatma*.

Sannyasi: monaco che ha fatto un voto formale di rinuncia (*sannyasa*); tradizionalmente indossa una veste color ocra, che rappresenta l'estinzione di tutti i desideri. L'equivalente femminile è *sannyasini*.

Sanscrito: lingua del più antico testo sacro, il Rik *Veda*, e degli altri tre *Veda*; il sanscrito è la lingua in cui sono scritte la maggior parte delle antiche Scritture indù.

Saraswati: Dea della conoscenza e delle arti.

Sari: indumento tradizionale delle donne indiane, costituito da un lungo pezzo di stoffa non cucito drappeggiato intorno al corpo.

Sarvajnatva: onniscienza.

Satguru: "vero maestro". Tutti i *Satguru* sono *Mahatma*, ma non tutti i *Mahatma* sono *Satguru*. Il *Satguru* è colui che, pur gioendo della beatitudine del Sé, sceglie di scendere al livello delle persone comuni per aiutarle a crescere spiritualmente.

Satsang: comunione con la Verità suprema. Anche stare in compagnia di un *Mahatma*, studiare le Scritture e ascoltare i discorsi illuminanti di un *Mahatma*; incontro di persone per ascoltare o discutere di argomenti spirituali; discorso spirituale.

Sattva, sattvico: vedi *guna*.

Satyabhama: una delle consorti del Signore Krishna.

Seva: servizio disinteressato i cui frutti sono offerti a Dio.

Shakti: personificazione della volontà e dell'energia cosmica; forza; vedi Maya.

Shama: controllo della mente.

Shankaracharya: santo venerato come guru. L'esponente principale della filosofia *Advaita* (non duale).

Sharanagati: abbandono totale a Dio o al Guru.

Shastra: scienza; testi scritturali autorevoli.

Shiva: venerato come il primo e il più importante nel lignaggio dei Guru. Substrato informe dell'universo in relazione a *Shakti*. Il Signore della distruzione nella triade induista.

Shraddha: attenzione; fede.

Shravana: ascolto (delle verità scritturali); spesso usato insieme a manana e *nididdhyasana*.

Shruti: "ciò che viene ascoltato". Termine riferito ai *Veda*, che furono rivelati ai *rishi*; intonazione nella musica indiana.

Smṛti: "ciò che si ricorda"; insieme di autorevoli testi sacri induisti composti dai *rishi*.

Svadhyaya: studio quotidiano o regolare delle Scritture; recitazione dei *Veda* e di altri testi sacri.

Svarup(a): la propria forma o vera natura.

Swami, Swamini: colui che ha preso il voto monastico di *sannyasa* (vedi *sannyasi*). Swamini è l'equivalente femminile.

Tabla: coppia di tamburi a mano indiani.

Tamas, tamasico: vedi *guna*.

Tapas: austerità, penitenza.

Tulasi: basilico sacro.

Upanishad: testi che fanno parte dei *Veda* e trattano della conoscenza del Sé.

Uppuma: semola di grano tostata a secco.

Vairagya: distacco.

Valmiki: saggio e autore del *Ramayana*.

Vasana: tendenza latente o desiderio sottile che si manifesta come pensiero, motivo e azione; impressione subconscia acquisita con l'esperienza.

Veda: le più antiche Scritture sacre emanate da Dio. I *Veda* non sono stati composti da un essere umano bensì rivelati in profonda meditazione agli antichi veggenti. Sono formati da quattro testi: *Rik*, *Yajus*, *Sama* e *Atharva*.

Vidyalayam: scuola.

Vishnu: dio che sostiene e nutre nella triade hindu.

Vishu: primo giorno dell'anno in Kerala, celebrato alla fine dell'equinozio di primavera.

Viveka: discernimento; discernere tra l'effimero e l'eterno.

Yagna: atto di culto, rituale in cui si offrono oblazioni al fuoco secondo le ingiunzioni delle Scritture e salmodiando mantra sacri.

Yoga: "unire". Unione con l'Essere Supremo. Termine dai molteplici significati che indica anche i vari cammini e pratiche che portano all'unità con il Divino, alla realizzazione del Sé. Chi pratica da molti anni la filosofia dello yoga ed è avanzato spiritualmente è uno yogi; yogini è l'equivalente femminile.